Schwestern zur Sonne zur Gleichheit

Wegmarken der Geschichte der SPD-Frauenpolitik

DEUTSCHER KUNSTVERLAG

Schwestern zur Sonne zur Gleichheit
Katalog zur gleichnamigen Ausstellung zum
150-jährigen Jubiläum der SPD im Frauenmuseum Bonn

Herausgegeben vom Frauenmuseum Bonn und der
Sozialdemokratischen Partei Deutschlands

Kooperationspartner: Archiv der sozialen Demokratie /
Friedrich-Ebert-Stiftung
Inhaltliche Konzeption: Prof. Dr. Daniela Münkel
Gestalterische Konezption der Ausstellung: Marianne Pitzen
Kuratorin: Bettina Bab

Umschlagabbildung: Bundestagspräsidentin Annemarie Renger
zeigt Bundesjustizminister Hans-Jochen Vogel (l.) einen Vogel.
Die Aufnahme entstand während einer lebhaften Diskussion über
die Reform des Abtreibungsparagraphen 218 am 5. Juni 1974 im
Bonner Bundestag, © picture alliance / dpa / Foto: Egon Steiner

© VG Bild-Kunst, Bonn 2013: Maria Giménez, Marlies Obier,
Ulla Schenkel, Tina Schwichtenberg, Angelika von Stocki

Lektorat: Juliane Köhler, Parthas Verlag Berlin;
Brigitte Miera, Frauenmuseum Bonn
Gestaltung und Satz: Pina Lewandowsky, Berlin
Druck und Bindung: AZ Druck und Datentechnik GmbH, Berlin

Bibliografische Information der Deutschen Nationalbibliothek
Die Deutsche Nationalbibliothek verzeichnet diese Publikation
in der Deutschen Nationalbibliografie; detaillierte bibliografische
Daten sind im Internet über http://dnb.dnb.de abrufbar.

© 2013 Deutscher Kunstverlag GmbH Berlin München
Paul-Lincke-Ufer 34
D-10999 Berlin
www.deutscherkunstverlag.de

ISBN 978-3-422-07218-3

Inhalt

Vorwort

150 Jahre SPD sind nicht nur ein Anlass, die Gründung der ältesten deutschen Partei zu feiern, sondern auch innezuhalten und sich an die Erfolge, die Kämpfe und Konflikte, die Visionen und Hoffnungen, die mit dieser Geschichte verbunden sind, zu erinnern. Ein wichtiges Politikfeld, welches die deutsche Sozialdemokratie seit dem Beginn ihres Bestehens begleitet, ist der Kampf um die Gleichberechtigung der Frauen – ihre politische, gesellschaftliche und ökonomische Gleichstellung. Auf diesem Gebiet konnten zahlreiche Erfolge erzielt werden, was maßgeblich auf das politische Wirken von Sozialdemokratinnen und Sozialdemokraten zurückzuführen ist. Dies gilt von der Einführung des Frauenwahlrechts im Jahr 1918 bis zur Reform des Paragraphen 218, dem Kampf um gleichen Lohn für gleiche Arbeit, die Vereinbarkeit von Familie, Beruf und Karriere bis hin zur Debatte um eine Quote für die Wirtschaft.

Nicht nur gesellschaftspolitisch, sondern auch innerparteilich stand das Thema der gleichberechtigten Teilhabe von Männern und Frauen immer wieder auf der Agenda der SPD. Schon zu Beginn des 20. Jahrhunderts wurden Richtwerte über die Beteiligung von Frauen in den diversen Parteigremien festgelegt – erreicht wurden sie aber nie. Erst die Einführung einer verbindlichen Quote im Jahr 1988 brachte hier Sicherheit und wesentliche Fortschritte.

Was die Institutionalisierung der Frauenarbeit in der SPD betrifft, so gab es seit 1904 wechselnde Organisationsformen. Eine feste, kontinuierliche organisatorische Basis konnte erst durch die Gründung der Arbeitsgemeinschaft Sozialdemokratischer Frauen (ASF) seit 1973 erreicht werden.

All dies hat uns dazu ermutigt, dem Thema Frauen und Sozialdemokratie im Rahmen der Feierlichkeiten zum 150-jährigen Parteijubiläum eine eigenständige Ausstellung zu widmen. Neben den Wegmarken sozialdemokratischer Frauenpolitik vom 19. Jahrhundert bis heute stehen vor allem die Protagonistinnen dieser Politik im Mittelpunkt der Ausstellung. Anhand von exemplarischen Biographien bekannter und weniger bekannter Sozialdemokratinnen werden 150 Jahre Geschichte lebendig und wird an die Lebensleistung dieser Frauen erinnert. Manche von ihnen mussten das Einstehen für ihre politischen Überzeugungen mit dem Leben bezahlen, andere wurden verfolgt oder ins Exil gezwungen. An dies, die Erfolge und Rückschläge des politischen Kampfes für eine gleichberechtigte, selbstbestimmte Teilhabe von

Frauen am politischen, gesellschaftlichen und ökonomischen Prozess bis in die Gegenwart, soll die Ausstellung erinnern.

Danken möchte ich den Kuratorinnen der Ausstellung Marianne Pitzen und Bettina Bab vom Bonner Frauenmuseum für die Gestaltung, Frau Prof. Dr. Daniela Münkel (Berlin) für die wissenschaftliche Fundierung der Ausstellung. Für viele Anregungen danke ich Klaus Wettig (Göttingen) und Gisela Kayser (Berlin).

Ich wünsche der Ausstellung auf ihren diversen Stationen viele Besucherinnen und Besucher und dem Begleitkatalog viele Leserinnen und Leser.

Berlin im April 2013
Dr. Barbara Hendricks

Schwestern zur Sonne zur Gleichheit
Wegmarken der Geschichte der SPD-Frauenpolitik

Einleitung von Daniela Münkel

Die Geschichte der SPD und ihrer Vorgängerorganisationen umfasst im Jahr 2013 eine Zeitspanne von 150 Jahren. In Programm und Politik der ältesten deutschen Partei spiegeln sich nicht nur die jeweiligen epochenspezifischen Konflikte, Lösungsstrategien und Visionen für die drängenden politischen, gesellschaftlichen und ökonomischen Probleme, sondern auch Kontinuitäten wider. Eine der zentralen Fragen ist hier die Forderung nach der Gleichberechtigung der Frau. Bereits im Erfurter Programm von 1891 stand der Grundsatz der Gleichberechtigung der Geschlechter und der »Abschaffung aller Gesetze, welche die Frau in öffentlich- und privatrechtlicher Beziehung gegenüber dem Manne benachteiligen«[1]. Die Frauenfrage ist ein Politikfeld, auf dem bis heute viele Erfolge, maßgeblich durch die Politik der SPD, erreicht werden konnten. Dennoch: Sie ist noch immer aktuell! Konnten manche zentralen frauenpolitischen Forderungen der Sozialdemokratie relativ früh umgesetzt werden, wie die Einführung des Frauenwahlrechts im Jahr 1918, dauerten andere Kämpfe, wie um den § 218 oder eine Quotierung, bis ins späte 20. Jahrhundert hinein an. Wieder andere, wie die vollkommene politische, gesellschaftliche und ökonomische Gleichstellung von Frauen und Männern, sind zwar de jure, aber de facto noch immer nicht abschließend realisiert. Der Kampf für Frauenrechte und deren Durchsetzung war ein durch gesellschaftspolitische und innerparteiliche Widerstände gekennzeichneter konfliktreicher Weg.

Diesen Weg und seine Ambivalenzen sowie die Rolle der Sozialdemokratie nachzuzeichnen, ist das Ziel der Ausstellung. Zentrale frauenpolitische Themen, die die Politik der SPD geprägt haben, werden mit Biographien von Sozialdemokratinnen verbunden bzw. illustriert. Thematisch befasst sich die Ausstellung mit vier größeren Feldern:

    I.   Der Kampf von Sozialdemokratinnen für Demokratie und Gleichberechtigung

    II. Die Frauenpolitik in der SPD

    III. Der Kampf um den § 218 – ein Thema des 20. Jahrhunderts

    IV. SPD-Frauenpolitik im 21. Jahrhundert

---

1 Erfurter Programm vom Oktober 1891, zitiert nach: Daniela Münkel (Hrsg.), »Freiheit, Gerechtigkeit und Solidarität«. Die Programmgeschichte der sozialdemokratischen Partei Deutschlands, Berlin 2007, S. 368–374, hier S. 373.

I. Der Kampf von Sozialdemokratinnen für Demokratie und Gleichberechtigung

Der Kampf um das Frauenwahlrecht

Bei den Wahlen zur Nationalversammlung am 19. Januar 1919 durften Frauen in Deutschland erstmals wählen und sich wählen lassen. Die Einführung eines allgemeinen, gleichen und geheimen Wahlrechtes für Frauen und Männer war eine wesentliche Forderung der Sozialdemokratie seit ihrer Gründung gewesen.[2] Die SPD war die einzige Partei im Kaiserreich, die das Frauenwahlrecht in ihr Programm aufgenommen hatte. Sozialdemokraten brachten sogar mehrfach diesbezügliche Anträge im Reichstag ein (1895, 1906 und 1917). Es waren innerhalb der Arbeiterbewegung nicht nur die politisch aktiven Frauen, die das Wahrecht für sich einforderten, sondern auch führende Männer – allen voran August Bebel.

Auf Seiten der Frauenbewegung war der internationale Kampf um das Frauenwahlrecht seit dem 19. Jahrhundert nicht auf das sozialdemokratische Lager beschränkt – hier engagierten sich auch die Vertreterinnen der bürgerlichen Frauenbewegung wie Hedwig Dohm oder der im März 1894 gegründete »Bund deutscher Frauenvereine« unter Gertrud Bäumer und Helene Lange.

Durch das Sozialistengesetz (1878 bis 1890) und die Problematik, dass Frauen erst ab 1908 offiziell einer politischen Partei und Organisation beitreten konnten, war der Kampf für das Frauenwahlrecht auch innerhalb der Arbeiterbewegung zunächst auf kleinere Zirkel beschränkt. Dennoch, bereits im Jahr 1903, auf ihrem Parteitag in Dresden, beschloss die SPD in allen Wahlkämpfen der Zukunft, die Einführung des Frauenwahlrechts besonders zu betonen.

Im August 1907 formierte sich unter der Leitung von Clara Zetkin die erste internationale Frauenkonferenz, die mit der Gründung der »Sozialistischen Fraueninternationale« endete. Die nächste Konferenz im Jahr 1910 stand dann ganz im Zeichen der Forderung nach der Einführung des Frauenwahlrechts. Am 19. März 1911 wurde unter der Parole »Heraus mit dem Frauenwahlrecht« der erste Internationale Frauentag abgehalten. Der 8. März als Internationaler Frauentag, der bereits in den 1920er Jahren von den Kommunisten an diesem Datum begangen wurde, setzte sich nur allmählich durch: In der DDR wurde er seit der Gründung 1949 jährlich gefeiert, in der Bundesrepublik erst seit den 1970er Jahren.

Mit der Revolution und dem Kriegsende kam auch das Frauenwahlrecht wieder auf die politische Agenda: Am 12. November 1918 bekamen die Frauen durch den »Rat der Volksbeauftragten«, in dem die SPD Mehrheit hatte, das aktive und passive Wahlrecht zugesprochen. Am 19. Januar 1919 fanden die ersten Wahlen zur Nationalversammlung der Weimarer Republik, bei denen 17,7 Millionen Frauen wahlberechtigt waren, statt. Am 19. Februar 1919 sprach Marie Juchacz als erste Frau in einem deutschen Parlament.

---

2 Zur Frage des Frauenwahlrechts vgl. u. a. Gisela Notz/Christel Wickert, Frauenwahlrechtskämpfe – Misserfolge und Erfolge, in: Elke Ferner (Hrsg.), 90 Jahre Frauenwahlrecht!, Berlin 2008, S. 11–40; 70 Jahre Frauenwahlrecht!, hrsg. von der ASF, Bonn 1988.

Sozialdemokratinnen in Krieg und Diktatur

Im Ersten Weltkrieg hatten die Frauen in der Arbeiterbewegung einen Großteil der Lasten an der »Heimatfront« zu tragen und den immer schwieriger werdenden Alltag zu bewältigen. Politisch war für die Sozialdemokratie entscheidend, dass es infolge der Bewilligung der Kriegskredite zur Spaltung der Partei kam: Im Jahr 1917 wurde die Unabhängige Sozialdemokratische Partei (USPD) und 1919 die Kommunistische Partei Deutschlands (KPD) gegründet. Im Jahr 1922 vereinigten sich USPD und MSPD wieder zu einer Sozialdemokratischen Partei.

Am 5. März 1933 fanden bereits unter dem NS-Terror die letzten Reichstagswahlen der Weimarer Republik statt. Die SPD erzielte noch 18,3 Prozent und stellte 120 Reichstagsabgeordnete, von denen 12 Frauen waren. Am 23. März 1933 stand im Reichstag das »Ermächtigungsgesetz«, welches Reichstag und Reichspräsident als demokratische legitimierte Kontrollinstanzen ausschaltete, zur Abstimmung. Reichskanzler und die nationalsozialistische Regierung wurden so mit umfassenden, auch gesetzgebenden Vollmachten ausgestattet. Die SPD-Fraktion stimmte als einzige gegen das Gesetz – begründet durch die berühmte Rede von Otto Wels.[3]

Das weitere Schicksal der 12 Frauen, die der SPD-Reichstagsfraktion zu diesem Zeitpunkt angehörten, spiegelt exemplarisch das Schicksal vieler Sozialdemokraten und Sozialdemokratinnen während der NS-Zeit wider. Sozialdemokratinnen hatten einen entscheidenden Anteil am Widerstand gegen das NS-Regime, nicht wenige mussten dies mit ihrem Leben bezahlen.[4] Viele Frauen waren in Widerstandsgruppen aktiv, sie schrieben Flugblätter und verteilten diese. Andere versuchten so gut es ging, das sozialdemokratische Milieu über die Zeit der Diktatur zu retten. Wieder andere wurden ins Exil gezwungen, wo sie neben der politischen Arbeit vor allem mit den schwierigen Lebensbedingungen konfrontiert waren.

Die Sozialdemokraten und Sozialdemokratinnen, die nach 1945 in der SBZ/DDR lebten, waren dort nach der Zwangsvereinigung von SPD und KPD zur Sozialistischen Einheitspartei Deutschlands (SED) im April 1946 erneut massiven Verfolgungen ausgesetzt.[5] Die Ideen von Freiheit, Demokratie und Gerechtigkeit konnten dennoch auch in vierzig Jahren DDR-Diktatur nicht ausradiert und völlig unterdrückt werden. Das zeigte sich mit Nachdruck im Jahr 1989, als im Zuge der Formierung einer breiten Oppositionsbewegung gegen das DDR-Regime am 7. Oktober 46 Frauen und Männer in Schwante bei Berlin die Sozialdemokratische Partei der DDR (SDP) gründeten. Am 26./27. September 1990 vereinigten sich dann SPD aus Ost und West.

Gleichberechtigung in der Bundesrepublik

Ganz anders als in der SBZ war die Situation in den drei Westzonen, wo sich die SPD im Mai 1946 offiziell wiedergegründet hatte und den

---

3 Vgl. dazu u. a. Daniela Münkel/Frank-Walter Steinmeier (Hrsg.), Das Ermächtigungsgesetz 1933. Eine Dokumentation, Berlin 2013, S. 9–55.

4 Vgl. dazu Der Freiheit verpflichtet. Gedenkbuch der deutschen Sozialdemokratie im 20. Jahrhundert, Berlin 2013 (2. Aufl.).

5 Vgl. ebd. und Beatrix Bouvier, Ausgeschaltet! Sozialdemokraten in der Sowjetischen Besatzungszone und DDR 1945–53, Bonn 1996.

demokratischen Wiederaufbau aktiv mitgestaltete. Für die Durchsetzung der Gleichberechtigung und die weitere frauenpolitische Arbeit der SPD nach 1945 war die Verankerung der Gleichberechtigung der Geschlechter im Artikel 3 Grundgesetz »Männer und Frauen sind gleichberechtigt« eine wichtige Grundlage. Die Durchsetzung dieses Artikels steht in enger Verbindung mit der Sozialdemokratin und Juristin Dr. Elisabeth Selbert, die Angehörige des Parlamentarischen Rates war. Unterstützt wurde Selbert in ihrer Arbeit durch die SPD-Frauensekretärin Herta Gotthelf.[6]

II. Frauenpolitik innerhalb der SPD

Auch wenn die SPD sich von Beginn an für frauenpolitische Themen und eine Gleichberechtigung der Geschlechter in der Gesellschaft eingesetzt hat, innerparteilich war die Durchsetzung der Gleichberechtigung ein steiniger und konfliktreicher Weg. Früh befasste sich die SPD mit der Frage der Repräsentation von Frauen in Parteigremien und Parlamenten:[7] Bereits 1890 wurde in der Satzung der Partei festgeschrieben, dass Frauen die Möglichkeit haben, eigene Delegierte zu den Parteitagen zu entsenden. Diese Festlegung war nicht unumstritten, wurde aber auch von Männern wie Ignaz Auer nachdrücklich mitgetragen und unterstützt.

Im Jahr 1904 richtete der SPD-Parteivorstand ein zentrales »Frauenbüro« ein, welches bis zu seiner Auflösung im Jahr 1912 von Ottilie Baader geleitet wurde. Die Abschaffung erfolgte, da auf dem Parteitag im Jahr 1911 beschlossen worden war, dass derartige »Sondereinrichtungen« innerhalb der Partei überflüssig seien.

Im Jahr 1908 beschloss der Parteivorstand, dass Frauen, gemäß ihres Anteils an der Mitgliedschaft, im Vorstand der SPD vertreten sein sollten.

Erste Frau im SPD-Parteivorstand war ab 1908 Luise Zietz. Mitte der zwanziger Jahre, auf dem Heidelberger Parteitag (1925), wurde eine generelle Beteiligung von Frauen in der Partei entsprechend ihres Mitgliederanteils beschlossen. Allerdings gab es keine Durchsetzungsmechanismen und die Realität sah anders aus. Bis zum Jahr 1933 war in allen Vorständen der SPD vom Ortsverein bis zur Zentrale mindestens eine Frau zu finden.

Nach 1945 war die Repräsentanz von Frauen in den Führungsgremien der Partei und in den SPD-Fraktionen gering. Zwar (re)organisierte sich bei der Wiederbegründung der SPD in den westlichen Besatzungszonen auch die Frauen-Parteiarbeit: Auf dem ersten Parteitag (9.–11. Mai 1946) wurde Herta Gotthelf mit der Wahrnehmung der Frauenpolitik beauftragt. Kurze Zeit später wurde abermals ein »Frauenbüro« eingerichtet, dessen Leitung sie im Juli 1946 übernahm. Das Godesberger Programm von 1959 enthielt eine Passage, die das Bekenntnis zur

6 Vgl. Karin Gille-Linne, Verdeckte Strategien. Herta Gotthelf, Elisabeth Selbert und die Frauenarbeit der SPD 1945–1949, Bonn 2011.
7 Vgl. dazu u.a. Inge Wettig-Danielmeier, 20 Jahre Quote, in: Elke Ferner (Hrsg.), 90 Jahre Frauenwahlrecht!, Berlin 2008, S. 93–105.

rechtlichen, sozialen und wirtschaftlichen Gleichstellung der Frau bekräftigte. Gleichzeitig wurde aber auch dafür plädiert, »die psychologischen und biologischen Eigenarten der Frau nicht auf[zu]heben« sowie Hausfrauen und Mütter besonders zu schützen.

Die Repräsentation von Frauen in höheren Parteigremien und den Parlamenten war bis zum Ende der sechziger Jahre gering und das Frauenbild der SPD eher »traditionell« – noch im Wahlkampf 1969 warb die Partei mit dem Slogan »Wir haben die besseren Männer«.[8] Gegen Ende der sechziger Jahre, vor dem Hintergrund von Studentenbewegung und sich formierender neuer Frauenbewegung, rumorte es auch in der SPD. Die Frauen wollten ein stärkeres Gewicht und Mitspracherecht innerhalb der Partei durchsetzen. Auf den Frauenkonferenzen 1968 und 1970 wurde nachdrücklich eine mit Antragsrecht ausgestattete, eigenständige innerparteiliche Organisation gefordert – mit dem Erfolg, dass 1972 die Gründung der »Arbeitsgemeinschaft sozialdemokratischer Frauen« (ASF) beschlossen wurde, die dann im März 1973 erfolgte. Dies hat die Frauenarbeit in der SPD neu justiert und ihre Schlagkraft erhöht:

»Die Form einer Arbeitsgemeinschaft in der SPD ermöglicht eine eigene Organisation der Frauen mit von unten nach oben gewählten Delegiertenversammlungen und Vorständen, die eigene Beschlüsse fassen. Beides zusammen hat zu einer Ausweitung sozialdemokratischer Programmatik für Frauen und zu wirksameren frauenpolitischen Maßnahmen geführt. Die Stichworte: Reform § 218 Strafgesetzbuch, das neue Ehe- und Familienrecht, Verbesserung der Bildungschancen, eine Politik der Eingliederung von Frauen in das Berufsleben, die Frauenstäbe oder Gleichstellungsstellen in den Regierungen und Kommunen und die Anstöße für die nationalen Parlamente durch die europäischen Richtlinien zur Gleichstellung von Frauen und Männern«[9] – so die langjährige Vorsitzende, Inge Wettig-Danielmeier, in der Rückschau.

Der Kampf um die Quote

Ein prägendes innerparteiliches Konfliktfeld der siebziger und achtziger Jahre war die Durchsetzung einer Quote für Parteiämter und Mandate – ein lange, auch innerhalb der ASF, sehr umstrittenes Anliegen.[10] Der seit dem Kaiserreich bestehende Beschluss, Frauen gemäß ihres Anteils an der Mitgliedschaft in den Gremien und Fraktionen zu berücksichtigen, wurde zwar immer wieder erneuert, es fehlten jedoch die Durchsetzungs- bzw. Sanktionsmöglichkeiten. Im Jahr 1977 wurde eine paritätisch besetzte »Arbeitsgruppe Gleichstellung« in der SPD installiert. Die Arbeitsgruppe brachte Anträge auf Parteitagen ein und

---

8 Vgl. Daniela Münkel, »Hör auf Deine Frau, wähl SPD«. Frauen in der Wahlwerbung der SPD, in: Helga Grebing/Karin Junker (Hrsg.), Frau-Macht-Zukunft, Marburg 2001, S. 249–266.

9 Inge Wettig-Danielmeier, Wären wir mehr, so wären wir stärker! Über den Einfluß der Frauen in der SPD, in: Antje Huber (Hrsg.), Verdient die Nachtigall Lob, wenn sie singt?, Herford 1984, S. 25–37, hier S. 29.

10 Vgl. dazu ausführlich Inge Wettig-Danielmeier, 20 Jahre Quote, in: Elke Ferner (Hrsg.), 90 Jahre Frauenwahlrecht!, Berlin 2008, S.93–105 und Dies., Feminismus – Probleme von gestern?, in: Dies./Katharina Oerder, Feminismus – und morgen? Gleichstellung jetzt, Berlin 2011, S. 5–41, bes. S. 21 ff.

setzte – ganz in sozialdemokratischer Tradition – auf gemeinsames Handeln von Männern und Frauen, sie machte Verbesserungsvorschläge und hoffte auf Einsicht. Auch Versuche von führenden SPD-Politikern wie Willy Brandt, Hans Jochen Vogel oder Björn Engholm, die Zahl der Frauen in den Parlamenten zu erhöhen, waren nicht besonders erfolgreich.

Dennoch: Auch in der ASF dominierte weiter die Ansicht, dass die festgelegten Zielzahlen ohne eine starre Quote zu erreichen seien. Dies sollte sich erst in der zweiten Hälfte der achtziger Jahre ändern: Auf der Bundeskonferenz der ASF im Oktober 1985 gab es bereits mehrere Anträge zur Einführung einer Quote. Langsam setzte sich nun auch in der Führung der ASF die Ansicht durch, dass es ohne die (ungeliebte) Quote nicht gehen würde. Die von der Vorsitzenden vorgeschlagene Regelung einer paritätischen Beteiligung von Männern und Frauen sowie einer durch die Satzung der Partei abgesicherten Quote von 40 Prozent für beide Geschlechter wurde von der Konferenz angenommen. Auf dem nächsten Parteitag, 1986 in Nürnberg, wurde ein entsprechender Antrag eingebracht. Dort wurde die »Arbeitsgruppe Gleichstellung« beauftragt, einen satzungskonformen Antrag zu erarbeiten sowie alle möglichen rechtlichen Implikationen zu prüfen. Zu einer endgültigen Entscheidung kam es aber erst auf dem Parteitag in Münster im Jahr 1988. Dort wurde eine 40 Prozent-Mindestquote für beide Geschlechter beschlossen. Die Umsetzung sollte in zwei Stufen erfolgen: für die Funktionen innerhalb der Partei bis 1994, für Mandate bis 1998.

III. Der Kampf um § 218 – Ein Thema des 20. Jahrhunderts

Der Kampf um den § 218 war ein wichtiges Thema sozialdemokratischer Frauenpolitik seit der Weimarer Republik.[11] Während des Kaiserreichs konnte Abtreibung laut § 218 Reichsstrafgesetzbuch mit einer Zuchthausstrafe von bis zu fünf Jahren bestraft werden. Dieser strafrechtlichen Sanktionierung lagen vor allem bevölkerungspolitische Überlegungen zugrunde, was sich auch nach dem Ersten Weltkrieg nicht grundsätzlich ändern sollte. So waren die Debatten, die um den § 218 in der Weimarer Republik kreisten, von der Frage des zu verhängenden Strafmaßes geprägt. In der Sozialdemokratie gab es Verfechter einer Fristenlösung, die eine Straffreiheit für Abtreibungen in den ersten drei Monaten forderten (u. a. Gustav Radbruch). Käte Frankenthal forderte in einer Schrift aus dem Jahr 1931 die ersatzlose Streichung des § 218.[12] Eine andere Gruppe um Alfred Grojahn hingegen wollte die Beibehaltung der allgemeinen Strafbarkeit von Abtreibungen und plädierte für eine verminderte Strafandrohung.

Nachdem der Versuch der SPD, eine Fristenregelung zu erreichen, gescheitert war, wurde durch einen Antrag der Fraktion im Reichstag

---

11 Zur Debatte und zu den Gesetzesänderungen vgl. Kerstin Freudiger, Die Reform des § 218. Bilanz eines Jahrhundertthemas, in: Helga Grebing/Karin Junker (Hrsg.), Frau-Macht-Zukunft, Marburg 2001, S. 177–198.

12 Vgl. Käte Frankenthal, § 218 streichen – nicht ändern (Sozialistische Zeitfragen), Berlin 1931.

eine Milderung des Strafmaßes – keine Zuchthaus-, sondern eine Gefängnisstrafe – durchgesetzt. Seit 1927 war durch ein Urteil des Reichsgerichtes Abtreibung auf Grundlage einer medizinischen Indikation zulässig.

In der NS-Zeit ist die Problematik der Abtreibung und ihre rechtliche Verfolgung vor dem Hintergrund der bevölkerungspolitischen Ziele und der Rasseideologie des Regimes einzuordnen. Bereits im Jahr 1934 wurden Abtreibungen bei »minderwertig« und »erbkrank« eingestuften Frauen durch das »Erbgesundheitsgesetz« legitimiert. Im Jahr 1943 wurde der § 218 dann im Sinne nationalsozialistischer Ideologie und Rassepolitik durch die »Verordnung zum Schutz von Ehe, Familie und Mutterschaft« neu geregelt: In »besonders schweren Fällen« wurde die Zuchthausstrafe wieder eingeführt und bei »gewerblich« praktizierter Abtreibung konnte sogar die Todesstrafe verhängt werden. Dieser Verschärfung stand gegenüber, dass die Strafbarkeit von Abtreibung bei Frauen, die keine »deutschen Staatsangehörigen deutscher Volkszugehörigkeit« waren, eingeführt wurde.

Die Auseinandersetzungen und Neufassungen des § 218 in der Bundesrepublik lassen sich in drei Phasen einteilen:

1. 1945–1969: Durch Gesetze der Besatzungsmächte wurde die NS-Strafrechtsnovelle aufgehoben. Ein Abbruch blieb jedoch strafbar. Besonders die Kirchen stellten sich bei den in den sechziger Jahren aufkommenden Liberalisierungsdebatten im Zuge der neuen Frauenbewegung (»Mein Bauch gehört mir«) gegen eine Legalisierung des Schwangerschaftsabbruchs.

2. 1970–1976: Ende der sechziger Jahre entbrannte eine breite kontroverse Diskussion um den § 218 – auch in der SPD. Der sozialdemokratische Justizminister Jahn legte sich 1970 öffentlich auf eine Indikationsregelung fest. Demgegenüber sprach sich der SPD-Parteitag im November 1971 mit einer Mehrheit für eine Fristenregelung aus. Zu einer gesetzlichen Neuregelung kam es dann aber erst unter der zweiten Regierung Willy Brandts. In der DDR war bereits im Jahr 1972 eine Fristenlösung eingeführt worden.

Im März 1973 legten die SPD/FDP-Fraktionen einen Gesetzentwurf zur Reform des § 218 vor: Dieser beinhaltete eine Fristenlösung mit Beratungspflicht. Am 18. Juni 1974 wurde dann mit knapper Mehrheit eine dementsprechende Gesetzesänderung vom Bundestag beschlossen. Nur wenige Tage später, am 21. Juni 1974, erließ das Bundesverfassungsgericht auf Antrag der Regierung des Landes Baden-Württemberg eine einstweilige Anordnung, nach der § 218a einstweilen nicht in Kraft tritt, jedoch der medizinisch, eugenisch oder der ethisch indizierte Schwangerschaftsabbruch innerhalb der ersten zwölf Wochen seit der Empfängnis straffrei bleiben sollte. Am 25. Februar 1975 wurde dann durch das Urteil des Bundesverfassungsgerichts die Fristenlösung kassiert. Daraufhin trat am 18. Mai 1976 eine Neufassung des § 218 in Kraft: Diese sah eine Freiheitsstrafe von bis zu drei Jahren oder eine Geldstrafe für denjenigen vor, der eine Schwangerschaft abbricht. In besonders schweren Fällen war eine Freiheitsstrafe von bis zu fünf Jahren möglich. In vier Fällen (medizinische, kriminologische, eugenische und Notlagenindikation) blieb ein Schwangerschaftsabbruch aber straffrei.

3. 1990–1995: Nach der Wiedervereinigung ergab sich zunächst die paradoxe Situation, dass in den alten und neuen Bundesländern unterschiedliche Gesetze zum Schwangerschaftsabbruch galten. Frauen aus allen Parteien in der alten Bundesrepublik sahen nun die Möglichkeit, die Forderung nach einer Fristenregelung endgültig durchzusetzen. Federführend waren hier die Sozialdemokratinnen. Über die Parteigrenzen hinweg wurde am 26. Juni 1992 ein »Schwangeren- und Familiengesetz« beschlossen, welches eine Fristenregelung mit Beratungspflicht enthielt. Auf Antrag der CDU/CSU-Fraktion wurde das Gesetz durch einstweilige Anordnung des Bundesverfassungsgerichts teilweise gestoppt. Nach dem Urteil des Verfassungsgerichtes trat dann am 16. Juni 1993 zunächst eine Übergangsregelung für das gesamte Bundesgebiet in Kraft, bis schließlich am 1. Oktober 1995 das »Schwangeren- und Familienförderungsgesetz« in Kraft treten konnte. Das Gesetz beinhaltete eine Fristenregelung mit Beratungspflicht.[13]

Danach war die Debatte um den § 218 indes noch immer nicht beendet. Der Versuch eines bayerischen Sonderweges wurde jedoch vom Bundesverfassungsgericht gestoppt.

IV. SPD-Frauenpolitik im 21. Jahrhundert

»Wer die menschliche Gesellschaft will, muss die männliche überwinden«,[14] heißt es im Hamburger Grundsatzprogramm der SPD von 2007. Dieses klare Bekenntnis zur tatsächlichen Gleichstellung der Geschlechter über die rechtliche Gleichstellung hinaus verlangt eine gezielte Frauenförderung. Besonders in der Berufswelt bestehen alte Benachteiligungen von Frauen weiterhin. Die Forderung nach gleichem Lohn und Besetzung von Schlüsselpositionen mit Frauen stehen oben auf der Agenda. Deshalb heißt es auch im neuen Regierungsprogramm von 2013: »Wir wollen, dass Frauen und Männer im Berufsleben gleichgestellt sind: beim Start in das Erwerbsleben, beim Lohn, bei der Vereinbarkeit von Beruf und Familie ebenso wie bei beruflichem Aufstieg und der Beteiligung in wirtschaftlichen Entscheidungen.«[15] Konkrete Politikziele, die sich aus dieser Forderung für die Zukunft ergeben, sind: gleicher Lohn für gleiche Arbeit, gleiche Bildungschancen sowie die Vereinbarkeit von Familie, Beruf und Karriere weiter zu verbessern. Dazu gehört auch die Forderung nach einer Geschlechterquote für Aufsichtsräte und Vorstände börsennotierter und mitbestimmter Unternehmen sowie eine Verbesserung der Situation im öffentlichen Sektor. Analog zum Bundesgleichstellungsgesetz sollen verbindliche Regelungen für die Förderung von Frauen in allen Betriebshierarchien, in denen sie unterrepräsentiert sind, auch für die Privatwirtschaft eingeführt werden. All dies wird sich nicht von heute auf morgen realisieren lassen, sondern die SPD-Frauenpolitik der nächsten Jahre bestimmen.

13 Vgl. u. a. Frauen entscheiden selbst! § 218 ein vorläufiges Ende, SPD-Bundestagsfraktion, Bonn 1995.
14 Hamburger Programm Grundsatzprogramm der Sozialdemokratischen Partei Deutschlands, Beschlossen auf dem Hamburger Bundesparteitag der SPD am 28. Oktober 2007, Berlin 2007, S. 41.
15 Das WIR entscheidet. Regierungsprogramm der SPD 2013–2017.

Plakat zur Reichstagswahl 1919

I. Kampf der Sozialdemokratinnen für Demokratie und Frauenrechte

Oben: Fahne des Allgemeinen Deutschen Arbeitervereins; Mitte: Beim
Internationalen Sozialistischen Ar-
beiterkongress in Zürich 1983, in der
Mitte Clara Zetkin, Friedrich Engels,
Julie Bebel, August Bebel; unten
links: Julie Bebel; unten rechts: Agita-
tionskommission zur Anwerbung von
Frauen für die SPD 1896

SPD und Frauenpolitik im Kaiserreich

Luise Zietz

»Wenn mir (als Frau) das Referieren verboten wird, spricht zunächst ein Genosse zehn Minuten, und ich spreche dann in der Diskussion anderthalb Stunden.« (Luise Zietz)

Die Geschichte der deutschen Sozialdemokratie beginnt mit der Gründung des *Allgemeinen Deutschen Arbeitervereins* durch Ferdinand Lassalle im Mai 1863. 1869 riefen August Bebel und Wilhelm Liebknecht die *Sozialdemokratische Arbeiterpartei* ins Leben. Beide Organisationen vereinigten sich 1875 zur *Sozialistischen Arbeiterpartei Deutschlands*. Frauen war die Mitgliedschaft in politischen Parteien und Organisationen bis 1908 verboten.

Viele Ehefrauen unterstützten ihre Männer im politischen Kampf. Als Reichskanzler Otto von Bismarck 1878 das Verbot der Arbeiterpartei mit dem Sozialistengesetz durchsetzte, kamen zahlreiche Parteiführer ins Gefängnis oder gingen ins Exil. Nach der Ausweisung der führenden SPD-Politiker aus dem Deutschen Reich übertrug die Parteileitung die Kasse der Solidaritätsgelder den Ehefrauen. Die Hauptaufgaben der Geschäftsführung und Buchhaltung übernahm Julie Bebel. Sie trug entschieden dazu bei, dass die Partei in der Illegalität ihre Arbeit fortsetzen konnte.

Clara Zetkins Rede auf der Zweiten Internationalen 1889 in Paris gilt als Geburtsstunde der internationalen proletarischen Frauenbewegung. Sie hatte die theoretischen Grundlagen einer marxistischen Theorie der Frauenemanzipation formuliert und an die ökonomische Unabhängigkeit von Frauen geknüpft. Nach dem Statut von 1890 konnten Frauen inoffiziell Mitglieder in der SPD werden. Die SPD-Frauen verfügten seit 1891 über eine eigene Zeitschrift »Die Arbeiterin«, seit 1892 »Die Gleichheit«. Damit konnte die sozialistische Frauenbewegung schon früh auf Strukturen zurückgreifen, um die bürgerliche Frauen lange kämpfen mussten.

1907 war die Zahl der weiblichen Parteimitglieder auf 30.000 gestiegen und »Die Gleichheit« hatte 75.000 Abonnentinnen. An dieser Entwicklung hatte Luise Zietz als erfolgreiche Agitatorin einen wichtigen Anteil.

Im Ersten Weltkrieg spaltete sich die SPD: Während der linke Flügel mit Rosa Luxemburg, Clara Zetkin und Luise Zietz die Bewilligung der Kriegskredite kritisierte und 1917 die Unabhängige SPD gründete, unterstützte die Mehrheitspartei die Politik des »Burgfriedens«.

Oben: Teilnehmerinnen der ersten
sozialistischen Fraueninternationalen
in Stuttgart 1907; August Bebels
Buch »Die Frau und der Sozialismus«
schuf ein großes Bewusstsein für
Frauenfragen; rechts: Rednerin bei
den Wahlen am 19. Januar 1919,
als Frauen zum ersten Mal wählen
konnten.

Das Frauenwahlrecht als Hauptforderung der SPD

Plakat zur Reichstagswahl 1919

»Können wir nicht wählen, so können wir doch wühlen!«

Am 19. Januar 1919 konnten Frauen in Deutschland erstmals wählen und sich wählen lassen. Die SPD war die einzige Partei, die bereits im Kaiserreich das Frauenwahlrecht in ihr Programm aufgenommen hatte. Es waren innerhalb der Arbeiterbewegung nicht nur Frauen, die das Wahlrecht für sich einforderten, sondern auch führende Männer – allen voran August Bebel mit seinem Buch »Die Frau und der Sozialismus«. Schon auf dem Gothaer Parteitag von 1875 hatte er das Frauenstimmrecht in das Parteiprogramm aufnehmen wollen. Doch die Genossen lehnten aus taktischen Gründen ab, um die Durchsetzung des allgemeinen gleichen Wahlrechts für Männer nicht zu »gefährden«. Mit dem Erfurter Programm 1891 verabschiedete die SPD als erste Partei die Forderung nach privatrechtlicher und staatsbürgerlicher Gleichstellung von Frauen und Männern. 1895 legte Bebel einen Gesetzesentwurf zum Frauenwahlrecht im Reichstag vor – doch er erntete nur Heiterkeit.

Bereits im Jahr 1903, auf ihrem Parteitag in Dresden, beschloss die SPD, in allen Wahlkämpfen die Einführung des Frauenwahlrechts besonders zu betonen. Auf der SPD-Frauenkonferenz in Mannheim 1906 entschieden die Genossinnen, die Forderung nach dem Frauenwahlrecht – ohne Rücksicht auf taktische Überlegungen – in den Mittelpunkt der SPD-Politik zu stellen. 1907, bei der ersten Internationalen Sozialistischen Frauenkonferenz in Stuttgart, legten Vertreterinnen aus 15 Staaten unter Führung von Clara Zetkin dann eine gemeinsame Marschroute für den Kampf um das Frauenwahlrecht fest. Zum ersten Internationalen Frauentag 1911 fanden im ganzen Deutschen Reich zahlreiche Veranstaltungen unter dem Motto »Heraus mit dem Frauenwahlrecht« statt.

1917 einigten sich Frauen der Mehrheitssozialdemokratie unter Führung von Marie Juchacz auf ein gemeinsames Vorgehen mit bürgerlichen Stimmrechtsverbänden. Im Dezember 1917 fand eine gemeinsame Kundgebung in Berlin statt und es wurde eine Erklärung an den Preußischen Landtag überbracht, in der die Frauen politische Gleichberechtigung forderten.

Der Internationale Frauentag

»Es ist unbedingt notwendig, daß die Frauen ... ihre Menschenrechte fordern. Wir brauchen einen Tag im Jahr, um diese Forderung zu erheben.«
(Jenaer Parteitag 1913)

Clara Zetkin schlug auf der Internationalen Sozialistischen Frauenkonferenz 1910 in Kopenhagen die Einführung eines Internationalen Frauentages vor, um gemeinsam für das Frauenwahlrecht zu demonstrieren. Der erste Frauentag wurde 1911 in Dänemark, Deutschland, Österreich-Ungarn und der Schweiz gefeiert. Die Aktionen waren für die SPD ein großer Erfolg: Der Anteil der weiblichen Mitglieder stieg in einem Jahr um ca. 30 %.

Nach der Einführung des Frauenwahlrechts 1918 stellte die SPD-Frauenkonferenz den Antrag auf Wiedereinführung des Internationalen Frauentages. Dieser fand jedoch erst wieder 1926 mit dem thematischen Schwerpunkt Friedenssicherung statt. In den nächsten Jahren waren die Themen u. a. Probleme der Frauenerwerbstätigkeit, des Mutterschutzes, des Sozialabbaus, des § 218, der Notverordnungen und der wachsenden Gefahr durch den Aufstieg der Nationalsozialisten.

Nach der Machtübernahme verboten die Nationalsozialisten Aktionen zum Internationalen Frauentag. Mit privaten und versteckten Aktivitäten wurde der Tag dennoch von vielen Frauen in Opposition zum NS-Regime begangen, z. B. mit dem sichtbaren Trocknen oder Auslüften roter Kleidungsstücke.

Nach 1945 veranstalteten Sozialdemokratinnen im Westen wieder Frauentage für Frieden und gegen die Wiederbewaffnung, doch ging die Bedeutung dieses Tages in der Bundesrepublik allmählich verloren, während er in der DDR propagandistisch aufgewertet wurde. Erst mit der neuen Frauenbewegung rückte der 8. März wieder ins Bewusstsein. 1977 erkannte die UN den 8. März offiziell als Internationalen Frauentag an. 1982 organisierte die Arbeitsgemeinschaft Sozialdemokratischer Frauen (ASF) erstmals einen Frauentag zum Thema »Gewalt gegen Frauen hat viele Gesichter«.

Nach der Vereinigung beider deutscher Staaten nutzten Frauengruppen in Ost und West den Tag, um gemeinsam Frauenrechte zu fordern. 1994 erlebte der Internationale Frauentag mit dem FrauenStreik-Tag ein politisches Comeback.

Oben: Toni Sender, Redakteurin
der SPD-Frauenzeitschrift, in
ihrem Arbeitszimmer 1928; Mitte:
Rüstungsarbeiterinnen streiken,
1918; unten: Weibliche Mitglieder
der SPD-Reichstagsfraktion, 1925

Frauenpolitik als Wohlfahrtspolitik in der Weimarer Republik

»... besonders die weiblichen Abgeordneten sind sich bewußt, daß auf wirtschaftlichem Gebiet noch viel zu tun übrig bleibt, um allen berechtigten Wünschen der erwerbstätigen Frauen entgegenzukommen.«
(Johanna Reitz, SPD-Parteitag 1922)

An den Demonstrationen am 9. November 1918 beteiligten sich in Berlin und anderen Städten viele Frauen, sie forderten Brot und Frieden, aber auch Gleichberechtigung. Schon der erste Aufruf des revolutionären von Sozialdemokraten geführten Rates der Volksbeauftragten brachte den Frauen das Wahlrecht, freie Berufswahl, den Achtstundentag und die Aufhebung der alten Gesindeordnung. 1919 wurden 37 Frauen in die Weimarer Nationalversammlung gewählt, darunter 19 von der SPD.

Im Zuge der Demobilisierung mussten viele Frauen ihre Arbeitsplätze an heimkehrende Soldaten abtreten. Erst auf dem Heidelberger Parteitag 1925 bekannte sich die SPD zum Recht der Frauen auf Erwerbsarbeit.

Durch die Errichtung eines Hauptausschusses der Arbeiterwohlfahrt 1921 rückte die Sozialarbeit in den Mittelpunkt der SPD-Frauenpolitik. Weibliche SPD-Reichstagsabgeordnete setzten sich u. a. für verbesserten Mutterschutz, eine Reform des Unehelichenrechts und der Jugendwohlfahrt ein. Als wichtige Ziele nannten sie soziale Gerechtigkeit und Frieden. Doch innerhalb der SPD wurde diese Frauenpolitik nur als Zusatz zur allgemeinen Politik verstanden.

Nach den Gewinnen der NSDAP bei den Reichstagswahlen 1930 warnte die SPD vor der nationalsozialistischen Gefahr und vor der Rolle, die Frauen als Dienerin oder sogar Sklavin des Mannes zu erwarten hätten.

Plakat zur Reichstagswahl 1932

Oben: Herta Gotthelf arbeitete in London mit dem Exil-Parteivorstand zusammen; Mitte: Lotte Branz schmuggelte als Kurierin Flugblätter nach Tschechien; unten: Johanna Tesch überlebte die KZ-Haft nicht.

Verfolgung und Widerstand im NS-Regime

Haarpflege und Selbstrasieren: Werbeblätter zur Tarnung von politischen Flugschriften

»So ist selbstverständliches Prinzip (der illegalen Arbeit): strengste Anonymität von unten nach oben. Alle wichtigen Leute arbeiten mit Decknamen und Deckadressen ...« (Johanna Kirchner, um 1934)

Die SPD stimmte als einzige Partei gegen Hitlers Ermächtigungsgesetz im März 1933. Zur SPD-Reichstagsfraktion gehörte auch Toni Pfülf, die sich am 8. Juni 1933 aus Verzweiflung über den NS-Terror das Leben nahm. Am 22. Juni 1933 wurde die SPD verboten.

Sozialdemokratinnen hatten einen entscheidenden Anteil am Widerstand. Sie halfen Verfolgte zu verstecken, versorgten sie mit Lebensmitteln und organisierten ihre Flucht. Lotte Branz aus München beispielsweise war mit ihrem Mann als Kurierin tätig und schmuggelte Schriften von und zu der Exil-Parteileitung in Prag. Viele Frauen waren in Widerstandsgruppen aktiv, schrieben Flugblätter und verteilten sie.

Zahlreiche bekannte und unbekannte Frauen bezahlten ihren Widerstand mit Verhaftungen, manche mit dem Leben – wie Johanna Kirchner. So wurden u. a. die ehemaligen Reichstagsabgeordneten Marie Ansorge und Johanna Tesch ins Frauen-KZ Ravensbrück eingeliefert, was Johanna Tesch nicht überlebte.

Eine Reihe Sozialdemokratinnen emigrierte nach 1933, wie Toni Sender, Marie Juchacz und die Redakteurin der Zeitschrift »Die Genossin« Herta Gotthelf, die als hauptamtliche SPD-Politikerin und Jüdin doppelt gefährdet war. In London hielt sie u. a. Vorträge über das NS-Regime und arbeitete für die BBC. Als der Vorstand der Exil-SPD nach London übergesiedelt war, half sie bei der Zusammenarbeit der sozialdemokratischen Organisationen. 1946 kehrte sie nach Deutschland zurück.

Oben: Urabstimmung in Berlin über
den Zusammenschluss von KPD und
SPD; unten links: Käthe Woltemath
beim SPD-Parteitag der DDR 1990;
unten rechts: Anna Nemitz war ihr
ganzes Leben lang für die SPD aktiv,
auch nach Gründung der DDR.

Neugründung und Zwangs- vereinigung – zwei Schicksale in der SBZ/DDR

»Aufgabe einer künftigen Volksvertretung muß es sein ... der Welt den Beweis dafür zu liefern, daß die Deutschen jetzt in der Lage sind, die Regeln der Demokratie anzuwenden ...« (Anna Nemitz, 1946)

Die Wiederbegründung der SPD in der sowjetischen Besatzungszone (SBZ) erfolgte zunächst vor allem auf regionaler und lokaler Ebene. Im Juni 1945 konstituierte sich in Berlin unter maßgeblicher Beteiligung Otto Grotewohls ein Zentralausschuss – welcher jedoch nicht mit einer Stimme sprach. Versuche, zu einer gemeinsamen Linie mit der wiederbegründeten SPD in den drei Westzonen unter Dr. Kurt Schumacher in Hannover zu gelangen, scheiterten.

Im April 1946 kam es in der SBZ zur Zwangsvereinigung von SPD und KPD zur Sozialistischen Einheitspartei Deutschlands (SED) – in deren Folge Sozialdemokraten und Sozialdemokratinnen massiv verfolgt wurden.

Auf regionaler Ebene beteiligten sich auch erfahrene Sozialdemokratinnen am Aufbau der Partei. Das Haus der SPD-Politikerin und ehemaligen Reichstagsabgeordneten Anna Nemitz in Berlin-Köpenick wurde zum Treffpunkt ehemaliger SPD-Abgeordneter. 1946 wurde sie Mitglied des Berliner Landesparlaments und blieb es bis 1954. Aufgrund des Viermächtestatus konnte die SPD in Ost-Berlin bis 1961 eigenständig existieren. Anna Nemitz engagierte sich auch unter der DDR-Regierung bis zu ihrem Tod 1962 unbeirrt für ihre Partei.

Käthe Woltemath trat im August 1945 in Rostock in die SPD ein und kümmerte sich um Flüchtlinge sowie Ausgebombte. Nach der Zwangsvereinigung engagierte sie sich in der SED. Unerwartet wurde sie im Dezember 1958 verhaftet – ihr wurde vorgeworfen, als Agentin für das Ost-Büro der SPD zu arbeiten. In zwei Prozessen wurde sie insgesamt zu 21 Monaten Haft verurteilt.

1989 war sie bei der Neugründung der Partei wieder dabei; aufgrund ihres rührigen Engagements wurde sie 1990 Ehrenvorsitzende der Ost-SPD. Zwei Jahre später bekannte sie, vom Ministerium für Staatssicherheit unter Druck gesetzt worden zu sein, sodass sie als »inoffizielle Mitarbeiterin« tätig gewesen war – sie trat daraufhin aus der SPD aus. Ein Verfahren gegen sie wurde später wegen Geringfügigkeit eingestellt.

Oben: Die SPD-Abgeordnete
Friederike Nadig (1957) engagierte sich
für das Gleichberechtigungsgesetz;
ganz oben: Frauen winken Willy
Brandt bei seiner Wahlkampftour
1969 zu; rechts: Elisabeth Selbert
und Herta Gotthelf kämpften für die
Gleichberechtigung der Frauen.

Die ersten Jahrzehnte der Bundesrepublik

Wahlplakat von 1957

»Hauptamtliche politische Frauen werden selbst heute noch von den meisten Menschen wie irgendeine schreckliche Abnormität betrachtet.« (Herta Gotthelf, 1958)

Der SPD-Vorsitzende Kurt Schumacher betonte in der Nachkriegszeit, dass die Stunde der Frauen gekommen sei. Eine wichtige Grundlage für die spätere Durchsetzung der Gleichberechtigung und die weitere frauenpolitische Arbeit der SPD war 1949 die Verankerung der Gleichberechtigung der Geschlechter im Artikel 3 des Grundgesetzes: »Männer und Frauen sind gleichberechtigt.« Die Annahme dieses Artikels ist vor allem der Juristin Dr. Elisabeth Selbert, die im Parlamentarischen Rat das Grundgesetz mitformulierte, mit Unterstützung der SPD-Frauensekretärin Herta Gotthelf zu verdanken. Hartnäckig gingen sie gegen Widerstände an. Viele Frauenverbände im ganzen Land schlossen sich den Forderungen an.

Die Frauenpolitik der SPD in den 1950er Jahren zielte dann im Wesentlichen auf eine Rechtsverbesserung der Frau im Ehe- und Familienrecht. Vor allem Friederike Nadig machte sich dafür stark, die im Grundgesetz verankerte Gleichberechtigung zivilrechtlich umzusetzen und das Gleichberechtigungsgesetz von 1958 auf den Weg zu bringen. Innerhalb der Gesamtpartei spielten Frauenthemen jedoch nur eine untergeordnete Rolle.

Neue Akzente setzte die SPD in der Frauenpolitik Ende der 1960er Jahre. Junge SPD-Politikerinnen wollten nicht länger auf die Gleichberechtigung warten und stellten radikalere Forderungen. Käte Strobel wurde in der Großen Koalition 1966 die erste sozialdemokratische Bundesministerin und Annemarie Renger 1972 als erste Frau Präsidentin des Deutschen Bundestages. In seiner Regierungserklärung vom 28. Oktober 1969 betonte Bundeskanzler Willy Brandt: »Für die gesellschaftlichen Reformen und die moderne Gestaltung unseres demokratischen Industriestaates will und braucht jede Bundesregierung eine starke Mitwirkung von Frauen.«

Oben: Montagsdemonstration im
Januar 1990 in Leipzig; Mitte links:
Gründungsmitglieder der SPD in der
DDR in Schwante; Mitte rechts: Erste
Delegiertenkonferenz im Januar 1990;
unten: Vorstandsmitglied Sabine
Leger

Die Sozialdemokratische Partei der DDR

Plakat zur Volkskammerwahl im März 1990

»Nun verfügte das Land zwar über eine Palette von Blockparteien, aber was wir nicht hatten, war eine Sozialdemokratie. Deshalb sind wir sofort eingetreten.« (Regine Hildebrandt)

Zu Beginn des Jahres 1989 gab es erste Planungen zur Gründung einer sozialdemokratischen Partei in der DDR. Hauptinitiatoren waren die evangelischen Theologen Markus Meckel und Martin Gutzeit. Ein Gründungsaufruf wurde am 26. August in Berlin vorgestellt, dem 200. Jahrestag der Menschenrechtserklärung der französischen Revolution.

Am 7. Oktober 1989, dem 40. Jahrestag der DDR-Gründung, trafen sich 46 Frauen und Männer im Pfarrhaus von Schwante bei Berlin, um – abseits der Überwachungen durch das Ministerium für Staatssicherheit – die Sozialdemokratische Partei zu gründen. Die UnterzeichnerInnen des Gründungsdokuments forderten eine Demokratisierung der DDR. Ihre Ziele waren Gewaltenteilung, parlamentarische Demokratie, Einhaltung der Menschenrechte, Parteienpluralität und soziale Marktwirtschaft. Die neue Partei nahm an den Leipziger Montagsdemonstrationen gegen das DDR-Regime teil, sie bekannte sich bereits Anfang Dezember 1989 zur deutschen Einheit und war am zentralen Runden Tisch beteiligt, der den Übergang zur Demokratie regelte.

Nach den ersten und letzten freien Wahlen zur DDR-Volkskammer im März 1990 gehörten der 88 Personen starken SPD-Fraktion 18 weibliche Abgeordnete an. An der Koalitionsregierung unter Ministerpräsident Lothar de Maizière (CDU) beteiligte sich auch die SPD. Unter den sieben SPD-Ministern waren zwei Frauen: Sybille Reider, Ministerin für Handel und Tourismus, sowie Regine Hildebrandt, Ministerin für Arbeit und Soziales.

Am 26./27. September 1990 vereinigte sich die SPD in der DDR mit der Schwesterpartei im Westen.

Oben: Inge Donnepp, erste Justizministerin, 1978–83 in NRW; Eva Rühmkorf, erste Gleichstellungsbeauftragte in Hamburg; Mitte: Ute Vogt, seit 2001 im Parteivorstand, war mit 35 Jahren Landesvorsitzende in Baden-Württemberg; Manuela Schwesigs Bewerbungsrede zur stellvertretenden Parteivorsitzenden; unten: SPD-Bundesministerinnen mit Staatsministerin Christina Weiss (2. v. l.), 2005

SPD-Frauenpolitik der letzten Jahrzehnte

»Das Gütesiegel ›gemeinschaftsverträglich‹ darf nur vergeben werden, wenn Fraueninteressen nicht verletzt sind beziehungsweise wenn Frauenförderung auf dem Programm steht.« (Karin Junker, 1993)

Unter den sozial-liberalen Regierungen ab 1969 setzte die SPD eine Reihe wichtiger frauenpolitischer Gesetze durch: 1970 erhielten Mütter das Sorgerecht für uneheliche Kinder, 1972 wurde die Rentenversicherung für Hausfrauen geöffnet, 1977 Reform des Ehe- und Familienrechts, 1979 Einführung des Mutterschaftsurlaubs, 1980 Gesetz über die Gleichbehandlung von Männern und Frauen am Arbeitsplatz. Mit dem neuen Eherecht wurde endlich die im Grundgesetz verankerte Gleichberechtigung eingelöst. Ehemänner konnten nicht mehr den Arbeitsvertrag ihrer Frauen kündigen.

1975 hatte die Landesregierung in NRW mit Barbara von Sell die erste bundesdeutsche Gleichstellungsstelle besetzt, gefolgt von Inge Donnepp; in Hamburg wurde Eva Rühmkorf 1979 zur ersten Gleichstellungsbeauftragten berufen. Zur selben Zeit richtete die SPD eine paritätisch besetzte Arbeitsgruppe ein — bestehend aus Mitgliedern des Parteivorstands und der ASF —, um einen Aktionsplan zur Gleichstellung zu erarbeiten.

In den 1980er Jahren gab es mehrere Ministerinnen in den SPD-Landesregierungen und zwar nicht nur in den frauentypischen Ressorts. 1993 wurde Heide Simonis in Schleswig-Holstein zur ersten Ministerpräsidentin in Deutschland gewählt. Auch einige Führungsposten in der Partei konnten Frauen erobern: 1987 wurde Anke Fuchs als erste Frau Bundesgeschäftsführerin, 1988 Herta Däubler-Gmelin erste stellvertretende SPD-Parteivorsitzende und 1991 Inge Wettig-Danielmeier erste Schatzmeisterin der SPD.

Unter der rot-grünen Regierung traten neue Gesetze in Kraft, die Frauen fördern oder schützen sollten, so etwa 2001 das Gesetz zur Teilzeitarbeit und das Gewaltschutzgesetz. Wichtige frauenpolitische Themen waren u. a. Frauenförderpläne, eine Erhöhung der Erwerbstätigkeit von Frauen, die Vereinbarkeit von Familie und Beruf sowie die Einführung einer eigenständigen Alterssicherung.

Diesmal SPD – Plakat zur Bundestagwahl 1957

II. Frauenpolitik in der SPD

Oben links: Luise Zietz, einziges weib-
liches Mitglied im Parteivorstand,
1908; oben rechts: Ottilie Baader, Leiterin des zentralen Frauenbüros; links:
Der SPD-Parteivorstand 1909

Stellung der Frauen in der Partei im Kaiserreich

Mitgliedschaft in der SPD

Jahr	Frauenateil in %
1906	1,68
1907	2,06
1908	5,02
1909	9,83
1910	11,48
1911	12,87
1912	13,44
1913	14,36
1914	16,09
1915	26,10
1916	24,81
1917	27,40
1918	28,33

aus: *Frauenemanzipation und Sozialdemokratie*, Hg: Heinz Niggemann, 1981

»Heute ist das Frauenbureau nicht mehr wie früher eine selbständige Institution, sondern eine Unterabteilung des Parteivorstandes, ...«
(Ottilie Baader, 1910)

Während des Sozialistengesetzes (1878–90) hatten Frauen diverse Tarnorganisationen wie Bildungszirkel oder Nähstuben gebildet, um sich trotz des offiziellen Politikverbots informieren und schulen zu können. Doch viele Gruppen wurden denunziert. Die SPD griff daher zu einem juristischen Trick und wählte weibliche Vertrauenspersonen für die Agitation unter den Frauen, denn einzelne Personen konnte die Polizei weder verbieten noch auflösen.

Mit der Frage der Repräsentation von Frauen in Parteigremien und Parlamenten befasste sich die SPD sehr früh: Bereits 1890 wurde in der Satzung der Partei festgeschrieben, dass Frauen die Möglichkeit haben, eigene Delegierte zu den Parteitagen zu entsenden. Diese Festlegung war nicht unumstritten, wurde aber auch von Männern wie Ignaz Auer nachdrücklich mitgetragen und unterstützt. Im Jahr 1904 richtete der SPD-Parteivorstand ein zentrales Frauenbüro ein, welches bis zu seiner Auflösung im Jahr 1912 von Ottilie Baader geleitet wurde. Sie war bereits seit 1899 Vertrauensperson der Sozialdemokratinnen in Berlin und wurde auf der ersten SPD-Frauen-Konferenz in Mainz 1900 zur zentralen Vertrauensperson der Genossinnen Deutschlands gewählt.

Das Reichsvereinsgesetz von 1908 gestattete Frauen endlich die Teilnahme an politischen Veranstaltungen und eine Mitgliedschaft in Parteien. Ca. 5 % der SPD-Mitglieder waren damals Frauen; manche waren unter einem männlichen Pseudonym in die SPD eingetreten. Im selben Jahr beschloss der Parteivorstand, dass Frauen gemäß ihres Anteils an der Mitgliedschaft im Vorstand der SPD vertreten sein sollten. Erste Frau im SPD-Parteivorstand war ab 1908 Luise Zietz.

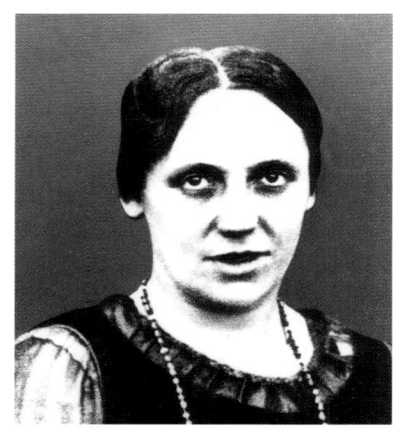

Oben: Marie Juchacz war während der
Weimarer Republik die Politikerin
mit den meisten Funktionen; Mitte:
Teilnehmerinnen der SPD-Frauen-
konferenz 1920 in Kassel; unten: Im
Parteivorstand waren seit 1925 Anna
Nemitz, Elfriede Ryneck und Marie
Juchacz.

Stellung der Frauen in der Partei in der Weimarer Republik

Mitgliedschaft in der SPD

Jahr	Frauenanteil in %
1919	20,38
1920	17,54
1921	15,76
1923	10,31
1924	15,76
1925	18,08
1926	20,10
1927	20,95
1928	21,20
1929	21,17
1930	22,01
1931	22,83

aus: *Frauenemanzipation und Sozialdemokratie*, Hg: Heinz Niggemann, 1981

»*Lassen Sie den Frauen Bewegungsfreiheit in der Agitation. Lachen Sie nicht darüber und bezeichnen Sie die Veranstaltungen nicht als Kaffeeklatsch.*« (Marie Juchacz auf dem Parteitag 1927)

Nach der ersten freien Wahl 1919 zogen 11,5 % Frauen innerhalb der SPD-Fraktion in die Nationalversammlung ein. Von 1920 bis 1930 hatte die SPD den höchsten Frauenanteil im Reichstag, dann wurde sie von der KPD übertroffen. Es gab sowohl im Reichstag wie in den Landtagen eine bemerkenswerte Kontinuität der Frauenmandate in der SPD. Ehefrauen brauchten allerdings die Zustimmung ihres Mannes, um ihr Mandat ausüben zu können.

Auf jährlichen Frauenkonferenzen gingen die Genossinnen zum Teil kritisch mit der Partei um. Um ihren Forderungen weniger Gewicht zu geben, legte die Partei die Frauenkonferenzen seit 1924 nicht mehr vor die Parteitage, sondern auf die Zeit nach diesen. Der Parteitag in Heidelberg 1925 beschloss, dass alle Parteifunktionen entsprechend dem Mitgliederanteil an Männern und Frauen zu verteilen sind. Allerdings gab es keine Durchsetzungsmechanismen und die Realität sah anders aus. Bis zum Jahr 1933 war jedoch in allen Vorständen der SPD vom Ortsverein bis zur Zentrale mindestens eine Frau zu finden.

In der Weimarer Republik war Marie Juchacz die Politikerin, die neben ihren Mandaten die meisten Ämter innehatte: Sitz im Parteivorstand bis 1933, Leitung des Frauenbüros und Leiterin der Arbeiterwohlfahrt. Keine Politikerin schaffte es auf einen Ministerposten – weder im Reichstag noch in einem Landtag. Auch im Reichsrat war keine Frau vertreten.

Ganz oben: Anni Krahnstöver war seit 1948 im SPD-Parteivorstand – bis zu ihrer Heirat mit dem führenden SPD-Politiker Wilhelm Mellies; oben: Marta Schanzenbach war 1958 die erste Frau im Parteipräsidium; oben rechts: Ella Kay hatte als ehemalige Bürgermeisterin, Berliner Senatorin für Jugend und Sport sowie ab 1960 als Mitglied im Parteivorstand viele Funktionen inne; rechts: Prozentualer Anteil der Frauen in der SPD-Fraktion

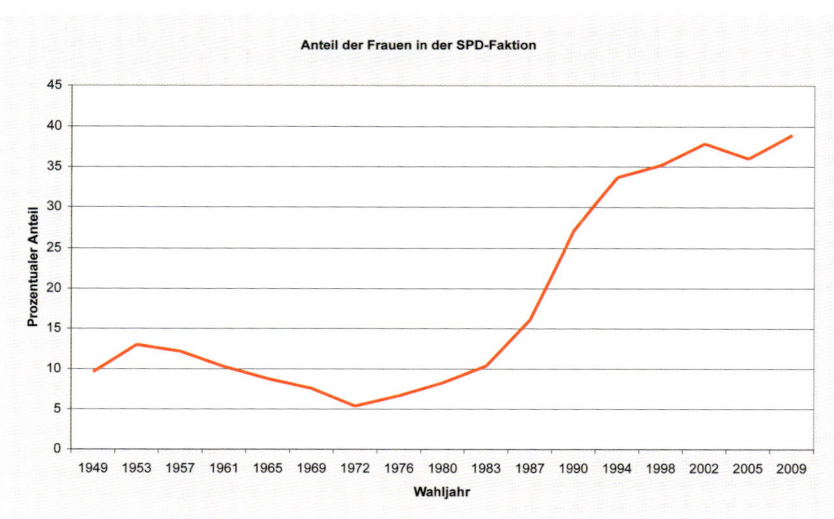

Stellung der Frauen in der Partei: Nachkriegszeit bis Anfang der 1970er Jahre

Plakat zur Jahrestagung der SPD-Frauen

»Die Frauen in ihrer überwiegenden Mehrheit waren bisher ... auf der politischen Bühne allerdings vorwiegend nur als Mitglieder von Massenszenen vertreten.« (Käte Strobel, 1972)

Nach 1945 war die Repräsentanz von Frauen in den Führungsgremien der Partei und in den SPD-Fraktionen gering. Zwar (re)organisierte sich bei der Wiederbegründung der SPD in den westlichen Besatzungszonen auch die Frauen-Parteiarbeit: Auf dem ersten Parteitag im Mai 1946 wurde Herta Gotthelf mit der Wahrnehmung der Frauenpolitik beauftragt. Nach der erneuten Einrichtung des Frauenbüros übernahm sie dessen Leitung im Juli 1946. Auf dem Nürnberger Parteitag 1947 wurde der Parteivorstand personell erweitert; ihm sollten mindestens vier Frauen angehören. Eine von ihnen war Herta Gotthelf, die sehr darum kämpfen musste, dass die Partei die Frauenarbeit unterstützte.

Das Godesberger Programm von 1959 enthielt eine Passage, die das Bekenntnis zur rechtlichen, sozialen und wirtschaftlichen Gleichstellung der Frau bekräftigte. Gleichzeitig wurde aber auch dafür plädiert, »die psychologischen und biologischen Eigenarten der Frau nicht auf[zu]heben« sowie Hausfrauen und Mütter besonders zu schützen.

Die Repräsentation von Frauen in höheren Parteigremien und den Parlamenten war bis zum Ende der sechziger Jahre gering und das Frauenbild der SPD eher »traditionell« – noch im Wahlkampf 1969 warb die Partei mit dem Slogan »Wir haben die besseren Männer«.

Die jungen SPD-Politikerinnen seit Ende der 1960er Jahre setzten neue Maßstäbe: Die Frauen wollten ein stärkeres Gewicht und Mitspracherecht innerhalb der Partei durchsetzen. Auf den Frauenkonferenzen 1968 und 1970 wurde nachdrücklich eine mit Antragsrecht ausgestattete, eigenständige innerparteiliche Organisation gefordert – mit dem Erfolg, dass der Parteivorstand 1972 die Gründung der Arbeitsgemeinschaft Sozialdemokratischer Frauen (ASF) beschloss.

Oben: Bundeskongress der ASF in
Braunschweig, Mai 1975; links: Inge
Wettig-Danielmeier war 1981–91
Bundesvorsitzende der ASF;
unten: Die ASF demonstriert für
die Geschlechterquote, Parteitag in
Münster 1988.

Die ASF und die Quote

Anstecker der ASF

»Ohne die Quote und den verstärkten Einfluss von Frauen wären viele Frauenprobleme zwar aufgegriffen, aber nicht gelöst worden.« (Inge Wettig-Danielmeier)

Der Aufstand vor allem junger Frauen gegen die traditionelle Frauengruppe auf der Bundesfrauenkonferenz in Nürnberg 1970 markierte den Beginn einer neuen Phase der Frauenpolitik innerhalb der SPD. 1973 wurde die Arbeitsgemeinschaft Sozialdemokratischer Frauen (ASF) gegründet, um die innerparteiliche Gleichstellung zu fördern. Elfriede Eilers, Vertreterin einer traditionellen Ausrichtung der SPD-Frauenpolitik, wurde die erste Vorsitzende. Oberstes Gebot der neuen Organisation war, dass die Frauen selbst ihren Vorstand wählten. Sie setzten sich für eine Reform des § 218, ein neues Eherecht, verbesserte Bildungschancen und die Eingliederung der Frauen in den Beruf ein.

Mit Inge Wettig-Danielmeier, seit 1977 stellvertretende und seit 1981 Vorsitzende der ASF, bekam die Arbeitsgemeinschaft neue Impulse. Priorität hatte der innerparteiliche Kampf um Funktionen und Mandate für Frauen. Doch der Erfolg ließ auf sich warten. 1984 resümierte sie: »Die Arbeitsgemeinschaft sozialdemokratischer Frauen hat zwar vernünftige Ziele, dient aber tatsächlich der Partei als Feigenblatt.« Nach anfänglichem Zögern legte sich die ASF-Bundeskonferenz 1985 auf die Forderung nach einer 40 % Mindestabsicherung für beide Geschlechter fest. 1986 zog der SPD-Bundesparteitag nach; es fehlten noch die Satzungsvoraussetzungen.

1988 war es dann endlich soweit: Trotz kritischer Debatten im Vorfeld beschloss der Parteitag in Münster die 40 % Quote für Frauen und Männer. Die Umsetzung sollte für die Funktionen innerhalb der Partei bis 1994 erfolgen, für Mandate bis 1998. Ein Erfolg zeigte sich schnell bei den Funktionen in der Partei. Meistens war jedoch »nur« die stellvertretende Vorsitzende das höchste erreichbare Amt für Frauen.

2009 betrug der Anteil weiblicher SPD-Abgeordneter im Bundestag 39 %. In den Parteivorstand wurden 2011 von insgesamt 35 Mitgliedern 15 Frauen gewählt – das sind 42,9 %.

Frauen klagen an:
Ärzteschaft
Justiz
Kirche
Parteien
Presse u. Werbung
Pharma-Industrie

Tribunal gegen den §218 – Beiträge von:
Wiltrud Fischer mit den Machtwächtern – Fasia Jansen
Degenhardt – Süverkrüp – Floh de Cologne – Sonntag – 11.6.72
14.00 Uhr – Gürzenich – Köln – Eintritt 3 · DM – Vorverkaufsstellen
Kinder werden betreut – Veranstalter: Gruppen der »Aktion 218«

III. Der Kampf um Empfängnis-
verhütung und Abtreibung

SOZIALISTISCHE ZEITFRAGEN

§ 218
streichen — nicht ändern

VON
DR. KÄTE FRANKENTHAL

E. LAUBSCHE VERLAGSBUCHHANDLUNG
GMBH. / BERLIN W 30

Oben: SPD-Demonstration gegen den
§ 218 in den 20er Jahren; ganz links:
Broschüre von Käte Frankenthal von
1931; links: Käte Frankenthal im Alter
von 85 Jahren

Der § 218 in der Weimarer Republik

Massenbewegungen gegen den »Klassenparagraphen«

Der Reichsfrauentag der SPD rief 1921 die Partei auf, den § 218 zu reformieren. Dies hatte schon ein Jahr zuvor die Abgeordnete Clara Bohm-Schuch im Reichstag erfolglos beantragt. Es gab innerhalb der SPD drei Standpunkte zur Abtreibung: 1. Strafmilderung, 2. Fristenlösung und 3. ersatzlose Streichung. Angesichts zurückgehender Bevölkerungszahlen und in Abgrenzung zur KPD lehnten viele SPD-Politikerinnen eine Streichung des Paragraphen ab. Die Partei konnte sich nicht auf eine einheitliche Linie einigen. Übereinstimmung gab es über die Entkriminalisierung abtreibender Frauen. Zwischen 1919 und 1933 wurden im Deutschen Reich ca. 60.000 Frauen wegen Abtreibung verurteilt.

1926 wurde auf Antrag der SPD die Zuchthausstrafe in Gefängnisstrafe verwandelt. Ein Jahr später wurde Abtreibung bei medizinischer Indikation zugelassen. Ende der 1920er Jahre war die Bewegung gegen den § 218 in der Bevölkerung groß; viele KünstlerInnen und ÄrztInnen forderten die Streichung. Die sozialistische Ärztin Käte Frankenthal setzte sich als Berliner Stadtärztin für die kostenlose Verteilung von Verhütungsmitteln ein und veröffentlichte 1931 die Broschüre »§ 218 streichen – nicht ändern!«. Auf ihre Initiative reichten 356 Ärztinnen beim Reichstag eine Petition zur Legalisierung des Schwangerschaftsabbruchs ein.

Ab 1930 distanzierte sich die Parteispitze im Gegensatz zur Basis von der Forderung nach Streichung des § 218. Nur wenige SPD-Abgeordnete unterstützten diese Forderung, so etwa Anna Nemitz, die auch für eine Sexualreform und Gleichstellung unehelicher Mütter eintrat. Die Partei kooperierte nicht mit anderen Organisationen gegen den § 218. Weitere Reformen wurden nicht auf den Weg gebracht.

Ankündigung einer SPD-Veranstaltung

Oben: Demonstration in Karlsruhe
1975 gegen das Urteil des Bundesverfassungsgerichts zur Reform des § 218;
Mitte links: Justizminister Gerhard
Jahn diskutiert mit Frauen, die für die
Abschaffung des § 218 demonstrieren,
April 1973; Mitte rechts: Die SPD-
Abgeordnete Lenelotte von Bothmer
trat 1970 im Fernsehen für die Fristenlösung ein; rechts: Annemarie Renger
1974 in einer erregten Debatte um den
§ 218

Der § 218 in den 1960er/70er Jahren

»Mein Bauch gehört mir!«

Aufgrund der massenhaften Vergewaltigungen zum Ende des Zweiten Weltkrieges wurden Schwangerschaftsabbrüche aus ethischen Gründen vorübergehend toleriert. Bei vielen SPD-Frauenkonferenzen der Nachkriegszeit wurde die grundsätzliche Reform des § 218 eingefordert. Die Parteiführung griff das Thema jedoch nicht auf. Einzelne Appelle sowie ein engagierter Artikel von Annemarie Renger 1962 verhallten ohne Resonanz.

Unter dem Einfluss der neuen Frauenbewegung flammte die Diskussion um den Strafparagraphen gegen Abtreibung wieder auf. Auf einer SPD-Frauenkonferenz 1970 wurde sehr kontrovers diskutiert; die Meinungen reichten von der Streichung des § 218 bis zu einer Fristenlösung nach freier Entscheidung der Frau. Die Konferenz traf keine Entscheidung. Im Juni 1971 veröffentlichte die Zeitschrift »Stern« eine Selbstanzeige von 374 Frauen, die abgetrieben hatten.

Im selben Jahr verabschiedete ein Sonderparteitag der SPD nach engagierten Reden von Käte Strobel und Herta Däubler-Gmelin die Fristenlösung. Sie beinhaltete eine Straffreiheit für den Abbruch innerhalb der ersten zwölf Wochen. Damit lag die Verantwortung bei der werdenden Mutter und dem Arzt bzw. der Ärztin. Neben einzelnen SPD-Abgeordneten wie Lenelotte von Bothmer hatte sich Bundesministerin Katharina Focke sehr für eine Reform eingesetzt, ebenso Marie Schlei als Vorsitzende des Arbeitskreises Reform § 218.

1973 wurde die Fristenregel mit Beratungspflicht als Gesetzentwurf in den Bundestag eingebracht und im April 1974 mit knapper Mehrheit verabschiedet. Per einstweiliger Anordnung des Bundesverfassungsgerichtes verhinderte die Landesregierung Baden-Württemberg jedoch, dass das Gesetz in Kraft trat. Die angeschlossene Normenkontrollklage bewirkte, dass die Fristenregelung 1975 für nicht verfassungskonform erklärt wurde. Daraufhin verabschiedete der Bundestag 1976 das erweiterte Indikationsmodell, das die medizinische, eugenische, ethische und soziale Indikation vorsah. Damit lag die Verantwortung für den Abbruch bei den Ärzten und Ärztinnen.

Oben: Kundgebung im Ostteil von
Berlin zur Beibehaltung der Fristenlösung, April 1990; Mitte: Demonstration in Münster vom FrauenLes-
benPlenum mit Unterstützung von
SPD-Frauen 1988; unten: Protestak-
tion in Hamburg zum Internationalen
Frauentag 1994

Der § 218 nach der deutschen Vereinigung

Das Selbstbestimmungsrecht der Frau als gleichwertiges Ziel neben dem Lebensschutz

Die deutsche Einheit erzwang ein einheitliches Recht des Schwangerschaftsabbruchs. In der DDR galt die Fristenregelung bis zur 12. Schwangerschaftswoche. Einige SPD-Abgeordnete drohten, den Einigungsvertrag scheitern zu lassen, wenn es nicht zu einer Neuregelung käme. Daher wurde im Vertrag der Auftrag an den Gesetzgeber formuliert, eine Neuregelung herbeizuführen. 1991 legten alle Fraktionen des Bundestages eigene Entwürfe vor. SPD-Politikerinnen favorisierten mehrheitlich die Fristenlösung ohne Beratungszwang.

Nach zähen Verhandlungen einer Arbeitsgruppe unter der Leitung von Inge Wettig-Danielmeier (SPD) und Uta Würfel (FDP) – und mit Unterstützung des Juristen Hans de With (SPD) – einigten sich die Fraktionen von SPD und FDP auf einen Gruppenantrag, dem sich Abgeordnete von Bündnis 90/Die Grünen und wenige Abgeordnete der CDU anschlossen. Demnach sollte der Abbruch in den ersten 12 Wochen nicht rechtswidrig sein, wenn sich die Schwangere mindestens drei Tage vorher beraten ließ. Der Entwurf enthielt sozialpolitische Maßnahmen wie kostenfreie Abgabe von Verhütungsmitteln an junge Frauen, Sozialhilfe für junge Mütter ohne Rückgriff auf die Eltern sowie das Recht auf einen Kindergartenplatz.

Im Juni 1992 verabschiedete der Bundestag das Schwangeren- und Familienhilfeänderungsgesetz. Wieder kam es zur einstweiligen Anordnung, wodurch das Gesetz teilweise nicht in Kraft treten konnte. CDU/CSU-Abgeordnete des Bundestages und die Bayerische Staatsregierung reichten eine Normenkontrollklage beim Bundesverfassungsgericht ein. In der entscheidenden Frage der Fristenregelung deklarierte das Bundesverfassungsgericht das Gesetz für verfassungswidrig. Alle anderen Teile wurden akzeptiert. Damit war aber die wichtigste Frage nicht geklärt.

In einer fraktionsübergreifenden Anstrengung gab es 1995 nach dem Einlenken von Bundeskanzler Helmut Kohl eine Einigung: Die Fristenregelung galt als nicht rechtmäßig, aber nicht strafbar. Die schwangere Frau muss sich beraten lassen, kann sich aber nach Beratung frei entscheiden. Dem Kompromiss, der bis heute im Wesentlichen gilt, stimmten SPD, FDP, CDU/CSU zu.

www.bayern-gewinnt.de

Mehr Aufstiegschancen für Frauen! SPD wählen.

In Bayern haben Frauen in zukunfts-orientierten Berufen nur geringe Chancen!

SPD Frau gewinnt.

Aufstiegschancen – Landtagswahl Bayern 1990. Leihgabe: Archiv der sozialen Demokratie / Friedrich-Ebert-Stiftung

IV. Ausblick ins 21. Jahrhundert

Oben links: Kampagne der ASF 2010:
Frauen verdienten im Stundenvergleich
nur 77 % vom durchschnittlichen Verdienst
der Männer; oben rechts: Kampagne zum
Equal-Pay-Day im März 2009; Mitte:
Appell führender Politikerinnen beim SPD-
Parteitag 2011, die Quote von mindestens
40 % vollständig umzusetzen; unten:
Aktion beim Bundestagswahlkampf 2009
in Saarbrücken

SPD-Frauenpolitik heute und morgen

»Wer die menschliche Gesellschaft will, muss die männliche überwinden.« (Hamburger Programm 2007)

Das letzte Grundsatzprogramm der SPD, das auf dem Hamburger Parteitag 2007 beschlossen wurde, beinhaltet ein klares Bekenntnis zur tatsächlichen Gleichstellung der Geschlechter über die rechtliche Gleichstellung hinaus und verlangt gezielte Frauenförderung. Besonders in der Berufswelt bestehen alte Benachteiligungen von Frauen weiterhin. Die Forderung nach gleichem Lohn und die Besetzung von Schlüsselpositionen mit Frauen stehen oben auf der Agenda.

Das Parteiprogramm hat wichtige Forderungen der ASF übernommen. Jede Frau hat das Recht auf Erwerbsarbeit und auf Vereinbarkeit von Beruf und Kindern. Dazu gehört eine zuverlässige und umfassende Kinderbetreuung. Frauen brauchen faire Aufstiegschancen und eine gerechte Bezahlung. Unter anderem muss das Ehegattensplitting abgeschafft und ein gesetzlicher Mindestlohn eingeführt werden. Darüber hinaus müssen gleichberechtigte Arbeits- und Lebenschancen für Alleinerziehende gewährleistet sein.

Trotz vieler Fortschritte kritisiert Elke Ferner, seit 2004 Vorsitzende der ASF, dass zu wenig Frauen die SPD sichtbar präsentieren und in aussichtsreichen Wahlkreisen nominiert werden. Sie fordert, dass Gleichstellungspolitik zukünftig offensiv zum Wahlkampfthema gemacht wird und personell glaubwürdig vertreten ist. »Wenn Frauen Politik machen, dann wird dies künftig immer weniger eine Politik speziell für Frauen sein. Frauenpolitik, das ist Wirtschafts-, Finanz- ... und Arbeitsmarktpolitik, ebenso wie Außen- und Sicherheitspolitik«, so Elke Ferner.

Seit Januar 2013 gibt es zwei SPD-Ministerpräsidentinnen – das reicht nicht! In Deutschland gab es noch keine Bundespräsidentin und bis jetzt rangen nur Männer in der SPD um die Kanzlerkandidatur. Wenn mehr Frauen als Spitzenkandidatinnen aufgestellt werden, wächst die Chance, dass sich Politik und Gesellschaft tatsächlich verändern.

Plakat zur Bundestagswahl 2002. Leihgabe: Archiv der sozialen Demokratie / Friedrich-Ebert-Stiftung

Porträts

Clara Zetkin, Gemälde von Maria Giménez, 2013

Clara Zetkin
1857–1933

Oben: Clara Zetkin (l.) und Rosa
Luxemburg (r.) 1910; unten: Clara
Zetkin im Kreis mit Stuttgarter
Funktionären 1907

*»Die Emanzipation der Frau wie die des ganzen Menschengeschlechtes
wird ausschließlich das Werk der Emanzipation der Arbeit vom Kapital
sein.«*

Die Mutter von Clara Zetkin (geb. Eißner) stand in Kontakt mit den
bürgerlichen Frauenrechtlerinnen. Die Tochter besuchte das von Au-
guste Schmidt geleitete Lehrerinnenseminar in Leipzig. Ihr Beitritt zur
Sozialistischen Arbeiterpartei 1878 führte zum Bruch mit ihrer Familie.
Sie gab ihre bürgerliche Existenz auf und folgte ihrem Ehemann Ossip
Zetkin aufgrund der Sozialistengesetze ins Exil nach Paris.

1898 unterstützte Clara Zetkin die Organisation des Internationalen
Arbeiterkongresses in Paris und hielt selbst eine Rede, die als Beginn
der internationalen proletarischen Frauenbewegung gilt. Ihr ging es
darum, den Proletarierinnen ihre Lage und die Möglichkeit zur Veränderung bewusst zu machen. Dabei verteidigte sie die unbeschränkte
Erwerbstätigkeit der Frauen als Grundlage zu ihrer Emanzipation. Sie
forderte u. a. den Achtstundentag, damit Arbeiterinnen sich politisch
engagieren und Männer sich um Kinder kümmern könnten.

Nach dem Fall des Sozialistengesetzes 1890 zog Clara Zetkin nach
Stuttgart, wo sie die Redaktion der SPD-Frauenzeitschrift »Die Gleichheit« übernahm und 25 Jahre leitete. 1907 gelang es ihr, die Internationale Sozialistische Frauenkonferenz nach Stuttgart einzuberufen.
Auf der Zweiten Fraueninternationalen 1910 in Kopenhagen setzte sie
durch, dass ein Kampftag für das Frauenwahlrecht ins Leben gerufen
wurde. Das war die Geburtsstunde des Internationalen Frauentages.

Clara Zetkin war die unangefochtene Führerin der sozialistischen
Frauenbewegung. Konkurrentinnen duldete sie nicht. Nur mit Rosa
Luxemburg pflegte sie freundschaftliche Kontakte; diese interessierte
sich nicht für Frauenfragen. Die Kooperation mit der bürgerlichen
Frauenbewegung lehnte sie strikt ab.

Im Ersten Weltkrieg kritisierte sie die Burgfriedenspolitik der SPD.
1915 organisierte sie in Bern die Internationale Konferenz sozialistischer
Frauen gegen den Krieg. Wegen ihrer Antikriegstätigkeiten wurde
Clara Zetkin mehrfach inhaftiert. 1917 gehörte sie zu den GründerInnen der Unabhängigen Sozialdemokratischen Partei Deutschlands,
1919 trat sie in die KPD ein. Dem Reichstag gehörte sie bis 1933 an, doch
lebte sie lange Jahre in der Sowjetunion.

Rosa Luxemburg, Gemälde von Maria Giménez, 2013

Rosa Luxemburg
1871–1919

»Wenn uns zugemutet wird, die Mordwaffen gegen unsere französischen oder anderen ausländischen Brüder zu erheben, so erklären wir: ›Nein, das tun wir nicht!‹« (1913)

Rosa Luxemburg kam aus einer wohlhabenden Händlerfamilie in Russisch-Polen. In Warschau besuchte sie das Zweite Mädchengymnasium. Noch in der Schulzeit schloss sie sich der Untergrundpartei »Proletariat« an, die nach einem Massenstreik verboten wurde. 1889 ging sie nach Zürich und studierte Staatswissenschaften und Ökonomie. Während des Studiums gründete sie mit Gleichgesinnten die Sozialdemokratische Partei Polens.

1898 zog sie nach Deutschland, um Mitglied in der fortschrittlichsten sozialistischen Partei Europas zu werden. Doch schnell warf sie den SPD-Funktionären geistige Unbeweglichkeit, Opportunismus und fehlende Solidarität vor. Rosa Luxemburg war eine scharfzüngige Rednerin. Ihre Forderung, Massenstreiks als politische Waffe einzusetzen, lehnten die SPD-Parteitage ab. Ab 1907 lehrte sie Marxismus und Ökonomie an der SPD-Parteischule in Berlin. Trotz ihrer Minderheitsmeinung ermöglichte ihr der Parteivorsitzende August Bebel die politische Arbeit in der SPD.

Unbeugsam vertrat Rosa Luxemburg einen revolutionären Kurs in der SPD. In zahlreichen öffentlichen Reden rief sie zu Kriegsdienstverweigerung und zum Generalstreik im Kriegsfall auf. Am 5. August 1914 gründete sie mit sechs weiteren SPD-Linken die Gruppe Internationale (später Spartakus-Gruppe), die die Kriegspolitik der SPD ablehnte. Während des Ersten Weltkrieges musste sie wegen ihrer pazifistischen Haltung wiederholt Haftstrafen verbüßen.

Nach der Revolution 1918 gab Rosa Luxemburg mit Karl Liebknecht »Die rote Fahne« heraus. Sie gehörte zu den GründerInnen der KPD und schrieb das neue Parteiprogramm. Beim Spartakus-Aufstand Anfang Januar 1919 rief sie die Massen zum Handeln auf. Zusammen mit Karl Liebknecht wurde sie steckbrieflich von Freikorps gesucht. Zwei Wochen später wurden beide festgenommen, verhört, misshandelt und schließlich ermordet. Ihre Beerdigung wurde zum Protestzug tausender Gleichgesinnter.

Oben: Rosa Luxemburg 1902; Mitte: Eröffnung der SPD-Parteischule 1906, vorne rechts: Rosa Luxemburg; unten: Kundgebung in Stuttgart 1907

Marie Juchacz, Gemälde von Maria Giménez, 2013

Marie Juchacz
1879–1956

Oben: Öffentliche Rede Marie Juchacz 1919; unten: Marie Juchacz und ihre Schwester Elisabeth Röhl, beide frisch gewählte Abgeordente der Nationalversammlung

»Wir Frauen sind uns sehr bewußt, daß in zivilrechtlicher wie auch in wirtschaftlicher Beziehung die Frauen noch lange nicht die Gleichberechtigten sind.« (1919)

Marie Juchacz arbeitete nach der Volksschule als Dienstmädchen, Fabrikarbeiterin und Krankenpflegerin und machte eine Ausbildung zur Schneiderin. Nach der Trennung von ihrem Mann zog sie 1905 mit ihren zwei Kindern und ihrer Schwester nach Berlin. Sie trat dort der SPD bei und wurde bald Vertreterin der Frauen. Sie setzte sich für die Bildung von Frauen ein und unternahm Vortragsreisen. 1913 wurde sie als bezahlte Frauensekretärin nach Köln berufen. Damit begann ihre politische Karriere. Im Ersten Weltkrieg arbeitete sie in der Nationalen Frauengemeinschaft mit.

1917 bekam Marie Juchacz das Angebot, als Frauensekretärin im zentralen SPD-Parteivorstand anstelle von Luise Zietz zu arbeiten, die zur USPD gewechselt war. Gleichzeitig übernahm Marie Juchacz von Clara Zetkin die Redaktion der SPD-Frauenzeitschrift »Die Gleichheit«. Im Gegensatz zu ihren beiden Vorgängerinnen setzte sie sich für eine Kooperation von proletarischen und bürgerlichen Frauengruppen ein. Sie war die einzige Frau im Vorstand der MSPD.

1919 wurde Marie Juchacz in die Verfassungsgebende Nationalversammlung der Weimarer Republik gewählt und hielt als erste Frau eine Rede im deutschen Parlament. Von 1920 bis 1933 gehörte sie dem Reichstag an und konzentrierte sich auf sozialpolitische Fragen. Als einzige Frau griff sie im Reichstag in die Debatten des Präsidentschaftswahlkampfes 1932 gegen Hitler ein.

Ein weiterer wichtiger Bereich ihrer politischen Arbeit war 1919 die Gründung und Leitung der Arbeiterwohlfahrt (AWO), als Frauen nach dem Einsatz im Ersten Weltkrieg wieder aus vielen Bereichen der Wohlfahrt hinausgedrängt werden sollten. Nach der Machtübernahme der NSDAP musste Marie Juchacz fliehen. Sie arbeitete im Saargebiet und in Frankreich politisch weiter. 1940 führte sie ihr Fluchtweg über Spanien und Portugal in die USA. Im Zweiten Weltkrieg gründete sie die Arbeiterwohlfahrt USA als Hilfsorganisation für NS-Opfer. 1949 kehrte sie in die Bundesrepublik zurück und blieb bis zu ihrem Tod als Ehrenvorsitzende für die AWO aktiv.

Johanna Kirchner, Gemälde von Maria Giménez, 2013

Johanna Kirchner
1889–1944

Oben: Johanna Kirchner 1910; unten: Johanna Kirchner (l.) 1930

»Wenn nun ein solch guter Genosse in Not kommt, halte ich es für meine Pflicht, ihm nach Möglichkeit zu helfen.« (1939/40)

Johanna Kirchner (geb. Stunz) stammte aus einer Familie überzeugter Sozialdemokraten. Nach der Volksschule wurde sie Bürogehilfin und trat mit 14 Jahren der Sozialistischen Arbeiterjugend bei. Mit 18 Jahren wurde sie Mitglied und Funktionärin der SPD. Sie heiratete erst nach der Geburt ihrer ersten Tochter. Gemeinsam mit ihrem Mann war sie als Berichterstatterin auf Partei- und Gewerkschaftskongressen tätig.

Während des Ersten Weltkrieges kümmerte sich Johanna Kirchner um Frauen und Kinder, die in Not geraten waren. Sie beteiligte sich am Aufbau der Arbeiterwohlfahrt und initiierte 1923 Ferienaufenthalte für Kinder erwerbsloser Ruhrarbeiterfamilien. Nach zwei Scheidungen arbeitete sie ab 1926 als hauptamtliche Sekretärin im Frankfurter SPD-Büro und trat als Rednerin bei Parteiversammlungen auf. Nach der NS-Regierungsübernahme half sie Verfolgten zur Flucht, bis ein Haftbefehl gegen sie erlassen wurde.

1933 konnte Johanna Kirchner in das noch unabhängige Saargebiet fliehen, arbeitete im dortigen Parteibüro der SPD und engagierte sich im »Hilfskomitee für verfolgte Antifaschisten«. Nach dem Anschluss des Saargebiets an das Deutsche Reich floh sie 1935 nach Frankreich und richtete eine Beratungsstelle für Saarflüchtlinge ein. Sie hatte viel Kontakt mit der Heimat, wertete Berichte über die dortige Lage aus und leitete sie dem Parteivorstand in Prag weiter. Von Prag erhielt sie Zeitschriften und Flugblätter, die sie heimlich nach Deutschland schmuggelte.

Nach dem Einmarsch der Deutschen 1940 wurde Johanna Kirchner wie alle Ausländer in ein Lager interniert. Vom Lager Gurs gelang ihr die Flucht. 1942 wurde sie nach erneuter Verhaftung an die Gestapo ausgeliefert. Der Volksgerichtshof verurteilte sie 1943 zu zehn Jahren Haft; doch ein Jahr später wurde das Verfahren wieder aufgenommen. Der vorsitzende Richter Freisler warf ihr Hochverrat vor und verurteilte sie zum Tode. Sie wurde am 9. Juni 1944 im Gefängnis Berlin-Plötzensee hingerichtet.

Louise Schroeder, Gemälde von Maria Giménez, 2013

Louise Schroeder
1887–1957

Oben: Louise Schroeder auf dem SPD-Parteitag in Nürnberg im Juni 1947; unten: Louise Schroeder dankt Piloten der Luftbrücke für ihren Einsatz.

»Wir Frauen fordern, dass die Rüstungen eingestellt und endlich auf dem Weg der Verständigung Not und Angst aus der Welt verbannt werden.« (1954)

Louise Schroeder stammte aus einer kinderreichen, sozialdemokratischen Familie. Mit ihrem Vater ging sie schon als Kind zu politischen Versammlungen und Parteifesten. Von der Stenotypistin stieg sie in einer Versicherungsgesellschaft zur Privatsekretärin auf. 1910 trat sie in die SPD ein und leitete fünf Jahre später den Ortsverein Altona-Ottensen. Im Ersten Weltkrieg engagierte sie sich für Frieden.

Nach der Revolution 1918 sprach sie zum ersten Mal auf einer großen Versammlung und wurde als Kandidatin für die Nationalversammlung aufgestellt. 1919 gründete sie zusammen mit Marie Juchacz und anderen die Arbeiterwohlfahrt (AWO), sie lehrte an der von ihr mitgegründeten Schule der AWO, schrieb Artikel und war eine angesehene Rednerin.

Während der Weimarer Republik war Louise Schroeder Reichstagsabgeordnete. Die damals als vorbildhaft geltende Sozialgesetzgebung für Mutter- und Kinderschutz ist auch auf ihren Einfluss zurückzuführen. Außerdem setzte sie sich sehr für die Gleichbehandlung lediger Mütter ein. Beim Beschluss über Hitlers Ermächtigungsgesetz stimmte sie mit Nein, statt der Abstimmung fernzubleiben.

Nach 1933 stand sie unter polizeilicher Aufsicht, denn sie hatte den Ariernachweis verweigert, und lebte in stiller Opposition. 1945 beteiligte sie sich an der Wiedergründung der SPD und der AWO. Sie war zweite Vorsitzende des SPD-Frauenausschusses. 1947/48 wurde sie anstelle von Ernst Reuter zur Oberbürgermeisterin von Berlin ernannt. Bis 1951 gehörte sie dem Westberliner Senat als Bürgermeisterin an. Sie versuchte die Not der Nachkriegsjahre zu lindern und kämpfte für das Ende der Berlin-Blockade durch die Sowjetunion.

Louise Schroeder erhielt viele Ehrungen, die sie nur im Namen der Berliner Frauen annahm, da alle zusammen für die Stadt viel getan hatten. Bis zu ihrem Tod 1957 gehörte sie dem Bundestag und dem Parteivorstand an. Als erste deutsche Frau erhielt sie ein Staatsbegräbnis.

Elisabeth Selbert, Gemälde von Maria Giménez, 2013

Elisabeth Selbert
1896–1986

Oben: Elisabeth Selbert in ihrer Praxis in Kassel 1946; unten: Elisabeth Selbert unterzeichnet das Grundgesetz, 23. Mai 1949.

»Es war die Sternstunde meines Lebens, als die Gleichberechtigung der Frau (damit) zur Annahme kam.«

Elisabeth Selbert (geb. Rhode) besuchte in Kassel eine Mädchenschule, die ohne Mittlere Reife endete. Im Ersten Weltkrieg arbeitete sie als Postangestellte. Durch ihren Mann kam sie 1918 zur SPD. Kaum in die Partei eingetreten, wurde sie in der Kommunalpolitik aktiv. 1920 sprach sie auf der SPD-Frauenkonferenz darüber, dass die Gleichberechtigung der Frauen nur auf dem Papier bestünde.

Trotz zweier kleiner Kinder bereitete sich Elisabeth Selbert auf das Abitur vor und begann 1926 ihr Jura-Studium, das sie 1930 mit einer Promotion über Ehezerrüttung als Scheidungsgrund beendete. 1934 wurde sie als eine der letzten Rechtsanwältinnen zugelassen, bevor die Nationalsozialisten Frauen diese Tätigkeit verboten. Ihr Mann hatte Berufsverbot erhalten, und sie musste bis 1945 die Familie allein ernähren.

Nach Kriegsende gehörte sie zu den Wiedergründern der SPD. Sie kandidierte für den Stadtrat in Kassel und die Verfassungsgebende Landesversammlung in Hessen. Herta Gotthelf vom zentralen SPD-Frauenbüro schlug sie für den Parlamentarischen Rat vor, der das Grundgesetz ausarbeitete. Hier machte sie sich für die Gleichberechtigung der Frauen stark und forderte »Männer und Frauen sind gleichberechtigt« – ohne jede Einschränkung. Bisher hatte sich die Gleichberechtigung nur auf Staatsrechte bezogen. Elisabeth Selbert trat dafür ein, dass auch das patriarchale Familienrecht geändert würde.

Obwohl die Frauen in der Nachkriegszeit vielfach das Leben aufrecht hielten, gab es großen Widerstand gegen gleiche Rechte. Elisabeth Selbert konnte nach und nach ihre Fraktion überzeugen, doch die anderen Parteien lehnten 1948 in der ersten Lesung des Grundgesetzes ihre Forderung ab. Daher mobilisierte sie die gesamte Frauenöffentlichkeit. Es hagelte Proteste von Einzelfrauen, Verbänden und Gewerkschaftsfrauen. Im Januar 1949 wurde ihre Forderung in zweiter Lesung als Grundrecht angenommen.

Trotz ihres Erfolgs erhielt sie einen schlechten Listenplatz und kam 1949 nicht in den Bundestag. So musste sie als Außenstehende Vorschläge für ein gleichberechtigtes Familienrecht ausarbeiten. 1951 wurde sie als Richterin für das Bundesverfassungsgericht vorgeschlagen, doch galt sie dem Wahlausschuss als zu profiliert.

Martha Fuchs, Gemälde von Maria Giménez, 2013

Martha Fuchs
1892–1966

Oben: Einweihung der Kurt-Schu-
macher-Straße in Braunschweig
durch OB Martha Fuchs 1960; unten:
Empfang ausländischer StudentInnen
am 6. Dezember 1960

»Ich bin Ministerin im Ministerium für Wissenschaft und Volksbildung
und die einzige in diesem Haus, die davon nichts versteht, ... Aber dafür habe ich einen gesunden Menschenverstand und so wird die Sache
schon klappen.« (1946)

Martha Fuchs (geb. Büttner) kam aus einer sozialdemokratischen Familie bei Bautzen. In der Gaststätte des Vaters wurden die Parteiversammlungen abgehalten, denen Martha in jungen Jahren zuhörte. Als
sie 13 Jahre alt war, starb die Mutter, und sie musste sich um die jünge-
ren Geschwister kümmern. Sie besuchte die Handelsschule und wurde
Buchhalterin.

1923 trat Martha Fuchs in die SPD ein und engagierte sich in der
Braunschweiger Lokalpolitik. Bald wurde sie Stadtverordnete und Abgeordnete des Braunschweigischen Landtags. Dort widmete sie sich
Fragen der Erziehung und des Schulwesens. 1933 verlor sie ihre Arbeit
und Ämter. Sie verdiente ihren Lebensunterhalt in einem Geschäft für
Herde, das zum geheimen Treffpunkt der Braunschweiger GenossInnen wurde. Martha Fuchs war häufigen Verhören ausgesetzt. Nach
dem Attentatsversuch auf Hitler kam sie 1944 ins KZ Ravensbrück.

Beim Todesmarsch kurz vor der Befreiung konnte sie fliehen. Nach
einer Erholungspause beteiligte sich Martha Fuchs am Wiederaufbau
der Partei. Ihr lag daran, mehr Frauen an politischen Entscheidungspro-
zessen zu beteiligen. 1946 wurde sie zur Ministerin für Wissenschaft
und Volksbildung des Landes Braunschweig ernannt und war damit
erste westdeutsche Ministerin. Ein Jahr später wurde sie Staatskom-
missarin für das Flüchtlingswesen im neu gebildeten Land Niedersachsen. Ihr gelang das Kunststück, in der großen Flüchtlingsnot des Landes
tatsächlich helfen zu können.

Im Alter von 67 Jahren wurde Martha Fuchs zur Oberbürgermeisterin von Braunschweig gewählt. Mit Menschlichkeit und großem Durch-
setzungsvermögen hatte sie sich einen Namen gemacht. Neben kom-
munalpolitischen Themen engagierte sie sich für Völkerverständigung;
in ihrer Amtszeit wurden die ersten Partnerschaften Braunschweigs
mit Städten in Indonesien und Frankreich geschlossen.

Käte Strobel, Gemälde von Maria Giménez, 2013

Käte Strobel
1907–1996

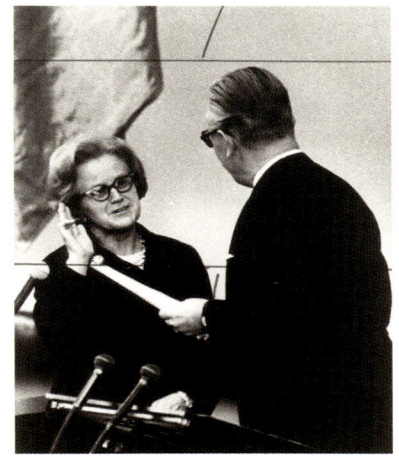

Oben: Schattenkabinett von Kanzlerkandidat Willy Brandt 1965 mit Käte
Strobel als einziger Frau; Mitte: Vereidigung von Käte Strobel als Gesundheitsministerin 1969, der ersten SPD-
Bundesministerin; unten: Käte Strobel
und »Aufklärungspapst« Oswald Kolle
bei der Miss-Germany-Wahl 1969

»Politik ist eine viel zu ernste Sache, als daß man sie allein den Männern überlassen könnte.« (1959)

Käte Strobel (geb. Müller) wuchs in Nürnberg in einer gewerkschaftlich orientierten Familie auf. Sie engagierte sich in der sozialistischen Jugendbewegung und trat mit 18 Jahren in die SPD ein. In der NS-Zeit war ihr Mann im Widerstand aktiv, Käte unterstützte ihn; er wurde im KZ Dachau interniert. Weil ihr Mann bis 1946 in Kriegsgefangenschaft war, kandidierte sie für den Landtag.

Als Politikerin machte Käte Strobel eine ungewöhnliche Karriere: 1947 Vorsitzende der SPD-Frauengruppen in Franken, 1949 Abgeordnete im Bundestag, 1958 im Europäischen Parlament, von 1962 bis 1964 dessen Vizepräsidentin, 1958 Parteivorstand, 1966 im SPD-Präsidium und erste Bundesministerin der SPD. Enttäuscht, dass ein Europaministerium wegen des Widerstandes der FDP nicht gebildet wurde, nahm sie das von Bundeskanzler Willy Brandt angebotene Bundesministerium für Gesundheit an.

Als Ministerin ohne höhere Bildung hatte sie bei der Opposition und im eigenen Ministerium einen schweren Stand. Käte Strobel bereitete das erste Lärmschutzgesetz und das Gesetz für reine Luft vor; sie führte Kampagnen für besseres Kantinenessen und gegen das Rauchen. Als sie das Jugend- und Familienministerium dazu bekam, brachte sie u. a. das Ausbildungsförderungsgesetz auf den Weg, eine Besserstellung nicht ehelicher Kinder und setzte mehr Kindergeld durch.

Käte Strobel brach ein großes Tabu, indem sie für Aufklärung und Familienplanung eintrat. Sie brachte für Schulen einen Sexualkundeatlas heraus und ließ den Aufklärungsfilm »Helga« drehen. Außerdem befürwortete sie die Pille ab 16 Jahren. Schon Ende der 1960er Jahre brachte sie die Reform des § 218 ins Gespräch, obwohl das Bundesministerium für Justiz dafür zuständig war.

Großer Fleiß und Einfühlungsvermögen zeichneten die einzige Frau im Kabinett aus. Sie hatte ihrem Mann versprochen, mit 65 Jahren aufzuhören, und schied 1972 freiwillig aus. Danach war sie im Rat von Nürnberg aktiv und Vorsitzende des SPD-Seniorenrats. Die Verbraucherverbände vertrat sie im Wirtschafts- und Sozialausschuss der EG.

Marie Schlei, Gemälde von Maria Giménez, 2013

Marie Schlei
1919–1983

Oben: Bundesministerin für wirtschaftliche Zusammenarbeit 1977; Mitte: Empfang des SPD-Parteirates, Hamburg 1977, Marie Schlei (r.); unten: Marie Schlei legt den Grundstein für ein Entwicklungsprojekt in Kenia.

»Während meiner Rede müssen die Leute mindestens einmal weinen und mindestens einmal herzhaft lachen.«

Marie Schlei (geb. Stabenow) stammte aus sehr einfachen Verhältnissen in Pommern. Nach der Mittleren Reife machte sie eine Ausbildung bei der Post; im Zweiten Weltkrieg wurde sie als Hilfslehrerin eingesetzt. Zum Kriegsende musste sie fliehen und kam über Umwege 1947 nach Berlin, wo sie wieder als Hilfslehrerin arbeitete. Sie lernte nachts, machte die Staatsexamina nach und übernahm später eine Rektorenstelle, bevor sie Schulrätin wurde.

1949 trat sie in die SPD ein und war in der Bezirksvertretung Wedding aktiv. Da sie eine begabte Rednerin und engagiert war, wurde ihr 1969 trotz Krebskrankheit nahegelegt, für den Bundestag zu kandidieren. Bonn reizte sie nicht, doch wenn sie ablehnte, würde ein Mann ihren Platz erhalten, daher akzeptierte sie. Marie Schlei setzte sich sofort für die Reform des § 218 ein, und für eine Finanzierung des geplanten Sonderurlaubs erwerbstätiger Eltern bei Krankheit der Kinder.

Auf Empfehlung von Herbert Wehner wurde Marie Schlei unter Bundeskanzler Helmut Schmidt Parlamentarische Staatssekretärin, sie verstand sich als Transmissionsriemen zwischen Regierung und Fraktion, hielt Linke und Rechte mit Witz und Charme zusammen. 1976 wurde sie für das Jugend-, Familien- und Gesundheitsministerium vorgeschlagen, doch sie bekam – nach eigenen Aussagen mit »trotzigem Willen« – das Bundesministerium für wirtschaftliche Zusammenarbeit.

Während die Presse sie als Parlamentarische Staatssekretärin hoch gelobt hatte, wurden ihr nun mangelhafte Fremdsprachenkenntnisse und fehlende Auslandserfahrungen vorgeworfen. Doch machte sie sich einen Namen, indem sie für basisnahe Hilfe zur Selbsthilfe eintrat, die auch Frauen einbezog. Außerdem wehrte sie sich dagegen, dass Entwicklungshilfe im West-Ost-Konflikt instrumentalisiert wurde. Es gelang ihr, den Etat ihres Ministeriums am Kabinett vorbei mithilfe des Bundestags zu erhöhen.

Die Presse diffamierte sie heftig, die Regierung nahm sie nicht in Schutz, 1978 trat Marie Schlei als Ministerin zurück. Herbert Wehner unterstützte sie bei ihrer Wahl als erste Frau zur stellvertretenden Fraktionsvorsitzenden. Doch 1981 zog sie sich wegen ihres wiederkehrenden Krebsleidens aus der Politik zurück.

Annemarie Renger, Gemälde von Maria Giménez, 2013

Annemarie Renger
1919–2008

Oben: Die Vorsitzende des Bundesfrauenausschusses Annemarie Renger
beim SPD-Parteitag 1970; Mitte:
Elfriede Eilers und Marie Schlei gratu-
lieren Annemarie Renger zur Wahl als
Bundestagspräsidentin; unten: Vereidigung von Bundeskanzler Helmut
Schmidt durch Annemarie Renger

»Ich war ... der Meinung, man müsse jedes Amt annehmen, um zu zeigen,
daß Frauen das können.«

Annemarie Renger (geb. Wildung) kam aus einer kinderreichen Familie.
Ihr Vater war Funktionär in der sozialdemokratischen Arbeitersport-
bewegung, er nahm die Tochter als Jugendliche mit in den Reichstag
und zur Arbeiterolympiade. Nach 1933 wurde ihr das Schulstipendium
gestrichen und sie machte eine kaufmännische Lehre.

Eine Rede von Kurt Schumacher nach Kriegsende beeindruckte die
Kriegswitwe, sodass sie sich als Sekretärin bei ihm bewarb. Von Mai
1946 bis zu seinem Tod 1952 war sie seine Mitarbeiterin. Kurt Schumacher wurde Annemarie Rengers politischer Lehrmeister und Lebensge-
fährte. Nach seinem Tod wechselte sie in die aktive Politik und zog 1953
in den Bundestag ein, wo sie 37 Jahre als Abgeordnete tätig war. Erst
engagierte sie sich für die Aufhebung des Beamtinnen-Zölibats, später
für eine Reform des § 218 und in den 1970er/80er Jahren für gleiche
Bezahlung bei gleicher Arbeit.

Von Jahr zu Jahr übernahm sie mehr politische Funktionen: 1959–66
Mitglied der Beratenden Versammlung des Europarates, 1962 im Parteivorstand, 1966 Vizepräsidentin des Internationalen Rates Sozialdemokratischer Frauen, 1969–72 parlamentarische Geschäftsführerin
der SPD-Bundestagsfraktion sowie Vorsitzende der deutschen Gesellschaft für die UN.

Annemarie Renger verstand das politische Spiel. Selbstbewusst reklamierte sie ihren Anspruch auf Führungspositionen: 1966 wurde sie
Vorsitzende des Bundesfrauenausschusses der SPD und 1972 Präsidentin des Bundestages. Damit war sie die erste Präsidentin eines frei gewählten Parlaments weltweit. Viele trauten ihr den Posten nicht zu,
doch sie verschaffte sich Respekt und Ansehen.

1979 folgte sie der Bitte, gegen Karl Carstens (CDU) eine aussichts-
lose Kandidatur für die Wahl des Bundespräsidenten anzutreten. Trotz
mancher Kritik am Kurs der SPD blieb sie solidarisch mit ihrer Partei.

79

Regine Hildebrandt, Gemälde von Maria Giménez, 2013

Regine Hildebrandt
1941–2001

Oben: Regine Hildebrandt in der DDR-Volkskammer am 8. August 1990; Mitte: Während der EKD-Synode 1995 im Gespräch mit Jürgen Warnke von der CSU; unten: Regine Hildebrandt und Ministerpräsident Manfred Stolpe

»Mich interessiert allerdings der einzelne Mensch, was denn bitte sonst? Mit Ost und West übrigens, da werden wir in dieser Gesellschaft schon klarkommen. Schwieriger wird es mit Oben und Unten.«

Regine Hildebrandt (geb. Radischewski) wuchs in Ost-Berlin auf, in der Bernauer Straße unmittelbar an der Grenze zum Westen. Diese Grenzerfahrung und das Christentum prägten ihr Leben. Schon in der Schule war sie sehr ehrgeizig. Wegen fehlenden politischen Engagements wurde ihr zunächst das Studium verweigert, doch durch Fürsprache konnte sie Biologie studieren. Danach arbeitete sie im Kombinat VEB Berlin-Chemie, wo sie sich bei der Herstellung von Insulin verdient machte.

Trotz fachlicher Erfolge machte sie keine Karriere, sie eckte politisch an. Ihre Opposition lag im Stillen – im Gegensatz zu ihrem losen Mundwerk. Trotz Aufforderungen ging Regine Hildebrandt nie zu DDR-Wahlen und ließ ihre Kinder nicht am Wehrunterricht teilnehmen. 1989 engagierte sie sich zuerst für Demokratie Jetzt, später gehörte sie zu den Mitbegründerinnen der Ost-Berliner SPD. Da es nicht genug Kandidatinnen gab, stellte sie sich zur Wahl der Volkskammer 1990. Bei der Vergabe der Ministerposten lehnte sie erst strikt ab, um aber einen ihr ungeeignet erscheinenden Kandidaten zu verhindern, übernahm sie doch das Ministerium für Arbeit und Soziales.

Angesichts der harten Abwicklungspolitik der Treuhandgesellschaft und der Massenarbeitslosigkeit konnte sich Regine Hildebrandt nur gegen die unsozialsten Kündigungen wehren. Als die Koalition der letzten DDR-Regierung zerbrach, kandidierte sie für die Landtagswahl in Brandenburg und wurde Ministerin für Arbeit, Soziales, Gesundheit und Frauen. Dort führte sie ein Förderungsgesetz für Frauen in der Wirtschaft ein, Frühförderung von behinderten Kindern, ein modernes Krebsregister, Schwerpunktpraxen für Diabetiker und vieles mehr.

Oft setzte sie sich zwischen alle Stühle, war undiplomatisch und parteiisch. Ihr Einsatz galt immer den Benachteiligten. Wenige MinisterInnen waren mit so viel Kritik und Rücktrittsforderungen konfrontiert wie sie, doch konnte sie ungerechtfertigte Vorwürfe stets widerlegen. In den Parteivorstand der SPD wurde sie stets mit überwältigender Mehrheit gewählt.

Christine Bergmann, Fotografie von Angelika von Stocki, 2013

Dr. Christine Bergmann
*1939

Oben: Bürgermeisterin Christine Bergmann empfängt Michail Gorbatschow 1992 in Berlin zur Verleihung der Ehrenbürgerrechte; unten: Umzug in den neuen Dienstsitz des Bundesministeriums 1999

»... wenn der Bürgermeister sagt, für eine Betreuung von Kindern unter drei Jahren, gibt es keinen Bedarf, dann sage ich den jungen Müttern: Nehmt doch Eure Babies und packt sie dem Bürgermeister auf den Tisch.«

Christine Bergmann wuchs in Dresden auf, studierte in Leipzig Pharmazie und engagierte sich in der evangelischen Studentengemeinde. Später arbeitete sie am Institut für Arzneimittelwesen. Erst als ihre beiden Kinder erwachsen waren, promovierte sie 1989. Danach begann ihre politische Karriere im Alter von 50 Jahren.

Sofort nach der Gründung trat sie der Sozialdemokratischen Partei in der DDR bei. Ein halbes Jahr später stand Christine Bergmann der letzten Ost-Berliner Stadtverordnetenversammlung vor. Von 1991 bis 1998 war sie Bürgermeisterin von Berlin. Als der Regierende Bürgermeister Eberhard Diepgen (CDU) sie 1991 als Senatorin für Frauen in seine Regierung holte, reklamierte sie auch den Bereich Arbeit und Berufliche Weiterbildung für sich. Sie erwarb sich den Ruf als innovative Querdenkerin und überraschte mit unkonventionellen Initiativen wie dem Pilotprojekt zur Wiedereingliederung von Arbeitslosen in neu gegründeten Sozialen Betrieben.

Nach der Wahl Gerhard Schröders zum Bundeskanzler wurde sie 1998 Bundesministerin für Familie, Senioren, Frauen und Jugend. Es störte sie nicht, dass sie als Ministerin aus dem Osten in doppelter Hinsicht Quotenfrau war. Sie gilt als Vorreiterin im Kampf um den Anspruch auf einen Krippenplatz und führte einen Rechtsanspruch auf Teilzeitarbeit ein. Der Besuch eines Frauenhauses wurde für sie zum Schlüsselerlebnis, sich des Themas häusliche Gewalt anzunehmen. Außerdem forderte sie ein Verbot von Gewaltpornographie.

Von 1995 bis 2004 war Christine Bergmann Mitglied des SPD-Parteivorstandes. Im März 2010 berief die Bundesregierung die ehemalige Bundesministerin als Unabhängige Beauftragte zur Aufarbeitung des sexuellen Kindesmissbrauchs.

Edelgard Bulmahn, Fotografie von Angelika von Stocki, 2013

Edelgard Bulmahn
*1951

Oben: Edelgard Bulmahn erhält ihre Ernennungsurkunde als Bundes-ministerin für Bildung und Forschung; unten: Rede von Edelgard Bulmahn

»Wir dürfen nicht nachlassen in unseren Bestrebungen, Frauen inner-halb der Partei zu fördern und die Quote durchzusetzen. Denn eins ist klar: Ein Stillstand würde hier sofort Rückschritt bedeuten.«

Edelgard Bulmahn wuchs in einem ostwestfälischen Dorf auf; ihr Vater war Binnenschiffer, die Mutter Friseurin. Am Gymnasium war sie erste weibliche Schulsprecherin. Sie demonstrierte gegen den Vietnamkrieg und die Niederschlagung des Prager Frühlings. 1969 trat sie der SPD bei, um das Motto »Demokratie wagen« mitzutragen.

Nach dem Abitur verbrachte Edelgard Bulmahn ein Jahr in einem Kibbuz in Israel. Dort erlebte sie Chancengleichheit für Frauen und die positive Wirkung guter Bildungsangebote für Kinder unterschied-lichster Herkunft. Daher beschloss sie, Lehrerin zu werden, und un-terrichtete nach ihrem Studium in Hannover. Zunächst war sie in der Kommunalpolitik aktiv; seit 1987 als Mitglied des Bundestages. Stets engagierte sie sich für Bildung und Forschung. 1995 wurde sie Vorsit-zende des Wissenschaftsforums der Sozialdemokratie; 1996 wählte die SPD-Fraktion sie zur Sprecherin der Arbeitsgruppe Bildung und For-schung.

Von 1998 bis 2005 war Edelgard Bulmahn Bundesministerin für Bil-dung und Forschung in der rot-grünen Bundesregierung. Ihr wichtigs-tes bildungspolitisches Ziel war es, jungen Menschen unabhängig von ihrer Herkunft eine gute Ausbildung zu ermöglichen. So trieb sie den Ausbau der Ganztagsschulen voran und verbesserte die Qualität der beruflichen Bildung. Im Hochschulwesen reformierte sie das Bafög, führte Bachelor- und Master-Studiengängen ein, engagierte sich u. a. für Frauen- und Nachwuchsförderung sowie für Eliteuniversitäten und die Weiterentwicklung der beruflichen Bildung.

Nach der Bundestagswahl 2005 übernahm Edelgard Bulmahn den Vorsitz des Ausschusses für Wirtschaft und Technologie des Deutschen Bundestages mit dem Ziel, die Technologieförderung der kleinen und mittleren Unternehmen auszubauen. Seit 2009 ist sie ordentliches Mitglied im Auswärtigen Ausschuss und arbeitet im Unterausschuss Zivile Krisenprävention und der Enquetekommission Wachstum, Wohl-stand, Lebensqualität.

Herta Däubler-Gmelin, Fotografie von Angelika von Stocki, 2013

Prof. Dr. Herta Däubler-Gmelin
*1943

»Wer sich nicht selbst einbringt, braucht sich nicht darüber zu beschweren, dass Andere bestimmen.«

Herta Däubler-Gmelin (geb. Gmelin) stammt aus einer angesehenen schwäbischen, alt-liberalen Familie. Sie studierte Jura und Politik in Tübingen und an der Freien Universität Berlin und war dort als Studentenvertreterin und in der Studentenbewegung aktiv. 1965 trat sie der SPD bei, weil die visionäre und zugleich pragmatische Politik des Regierenden Bürgermeisters Willy Brandt sie sehr beeindruckte. Zurück in Tübingen kämpfte sie im Tübinger Kreis um die Öffnung und Veränderung der offiziellen SPD-Politik.

1972 – kurz vor Rigorosum, zweitem Staatsexamen und hochschwanger – wurde sie im Willy-Brandt-Wahlkampf als jüngste Abgeordnete in den Bundestag gewählt. Ihre Schwerpunkte dort waren Menschenrechts- und Verfassungsfragen, die Beseitigung der Diskriminierung von Frauen und Minderheiten sowie ethische Grundfragen, insbesondere in der Biopolitik.

In den 1980er Jahren verzichtete Herta Däubler-Gmelin aus Rücksicht auf ihre beiden Kinder auf die Berufung zur Berliner Justizsenatorin. Als stellvertretende Vorsitzende der SPD-Bundestagsfraktion setzte sie mit vielen anderen Frauen u. a. die Quote in der SPD durch und wurde 1988 als erste Frau stellvertretende SPD-Parteivorsitzende.

1993 wurde sie als Bundesverfassungsrichterin nominiert, doch galt sie der CDU als zu links. 1998 berief Bundeskanzler Gerhard Schröder Herta Däubler-Gmelin zur Bundesministerin der Justiz. Dort trieb sie wichtige Reformen voran: den Beitritt zum ständigen Internationalen Strafgerichtshof, das Deutsche Völkerstrafgesetzbuch, die Erarbeitung der EU-Grundrechte Charta und u. a. die Novellierung des BGB-Schuldrechts, das Lebenspartnerschaftsgesetz und Gesetze gegen häusliche Gewalt.

Oben: Herta Däubler-Gmelin um 1982/83; Mitte: Herta Däubler-Gmelin dankt Willy Brandt 1987 bei seiner Verabschiedung als Parteivorsitzender; unten: Die neue Bundesministerin der Justiz 1998

Seit ihrem Ausscheiden aus dem Bundestag 2009 berät Herta Däubler-Gmelin die EU und Organisationen in anderen Ländern zu Verfassungs- und Menschenrechtsfragen; als Anwältin kümmert sie sich besonders um Arbeitnehmerrechte und Datenschutz. Seit 2012 vertritt sie die größte Verfassungsbeschwerde gegen den EU-Fiskalpakt und ESM (European Stability Mechanism) vor dem Bundesverfassungsgericht. Darüber hinaus ist Herta Däubler-Gmelin Honorarprofessorin an der Freien Universität Berlin und Schirmherrin der Hospizbewegung.

Malu Dreyer, Fotografie von Angelika von Stocki, 2013

Malu Dreyer
*1961

Oben: Die Ministerpräsidentin be-
sucht die Kindertagesstätte in Essen-
heim, April 2013; Mitte: Büro- und
Amtsübergabe von Kurt Beck an seine
Nachfolgerin Malu Dreyer, 16. Januar
2013; unten: In der neuen Landesregierung (ohne Schornsteinfeger) sind
deutlich mehr Frauen vertreten.

*»Soziale Gerechtigkeit ist das Thema, das mich schon mein ganzes Leben
lang begleitet, in unterschiedlichster Weise. Das wird auch prägend sein
für mich als Ministerpräsidentin.«*

Malu Dreyer kommt aus einer Lehrerfamilie, der Vater war CDU-Frakti-
onschef im Stadtrat von Neustadt an der Weinstraße. Nach der Schule
studierte sie Jura und engagierte sich für ein Mädchenhaus in Mainz.
Sie arbeitete als Staatsanwältin und wurde 1995 mit 34 Jahren Bürgermeisterin in Bad Kreuznach. Erst danach entschied sie sich, in die SPD
einzutreten.

2002 holte der Ministerpräsident Kurt Beck von Rheinland-Pfalz
Malu Dreyer als Sozial-, Arbeits- und Gesundheitsministerin in sein Ka-
binett. In ihrer Amtszeit setzte sie sich für Menschen am Rande der
Gesellschaft ein. Dabei pflegte sie einen sachlichen Stil und suchte die
Verständigung mit der Opposition. Zu ihren Erfolgen zählen ein dich-
tes Netz an Pflegestützpunkten sowie ein vorbildliches Tariftreue- und
Kinderschutzgesetz.

Im Herbst 2012 kündigte Kurt Beck seinen Rücktritt an und schlug
Malu Dreyer als Nachfolgerin vor. Die neue Ministerpräsidentin steht
für einen kommunikativen, offenen Stil. Zu den größten Herausforde-
rungen zählt sie den demografischen Wandel und die begrenzten fi-
nanziellen Spielräume staatlicher Ebenen. Ihr Kabinett ist das mit den
meisten Frauen in einer Landesregierung: In Rheinland-Pfalz werden
fünf von neun Ministerien von Frauen geführt, darunter die klassische
Männerdomäne Wirtschaft. Die Frauen-Quote findet die neue Ministerpräsidentin unentbehrlich.

Malu Dreyer geht offen mit ihrer Erkrankung an multipler Sklerose
um und will sich nicht von ihr behindern lassen. Vielmehr möchte sie
Betroffenen Mut machen und zeigen, dass auch Menschen mit Handi-
caps erfolgreich sein können.

Elfriede Eilers, Fotografie von Jupp Darchinger, 1969

Elfriede Eilers
*1921

Oben: Elfriede Eilers mit Clara Döhring auf dem Parteitag 1962; unten: Elfriede Eilers auf dem Bundeskongress der ASF 1975

»Wir müssen uns selbst überflüssig machen, das ist das Ziel der ASF.«

Elfriede Eilers kam aus einem sozialdemokratischen Elternhaus in Bielefeld. Schon als Kind ging sie im SPD-Büro ein und aus. Nach Kriegsende wurde sie Mitglied der SPD, engagierte sich in der Jugendarbeit der Falken und in der ÖTV. Nach einer Umschulung wurde Elfriede Eilers 1954 Fürsorgerin beim Jugendamt in Bielefeld. Daneben war sie immer für den SPD-Ortsverein aktiv. Zur Bundestagswahl 1957 führte sie Wahlkampf für die Abgeordnete Friederike Nadig. Diese motivierte sie, selbst zu kandidieren. Nach Jahren intensiver Bundestagsarbeit wurde sie 1969 in den Parteivorstand gewählt.

Sie kämpfte für das Jugendschutz- und Jugendwohlfahrtsgesetz, später für die rechtliche und soziale Gleichberechtigung wie verbesserte Unterhaltszahlungen für alleinerziehende Mütter, die Reform des § 218 (Fristenlösung) und ein neues Ehegesetz. 1966 wurde Elfriede Eilers zweite Vorsitzende des SPD-Bundesfrauenausschusses und 1972 leitete sie die Arbeitsgruppe Frauenpolitik. Wenn neue Gesetze verabschiedet werden sollten, überzeugte sie in mühseliger »Maulwurfsarbeit« die einzelnen Genossen davon, Fraueninteressen zu beachten.

Als sich 1973 die ASF gründete, wurde Elfriede Eilers zur ersten Vorsitzenden gewählt. Diese Wahl war nicht unumstritten, denn die jungen Sozialdemokratinnen strebten radikalere Lösungen an und warfen der älteren Generation vor, zu kompromissbereit zu sein. Elfriede Eilers' Aufgabe war nicht einfach, wollte sie die Jungen mit traditionell orientierten Frauen zusammenbringen – ganz zu schweigen vom Umgang mit manchem sturen Genossen.

Als sie 1980 aus dem Bundestag ausschied, blieb sie weiter in politischen Ämtern aktiv; ihr Leben lang ist sie »ein Stückchen mit der AWO verheiratet«.

Elke Ferner, Fotografie von Florian Jaenicke, 2013

Elke Ferner
*1958

Oben: ASF-Empfang »Frauen für ein soziales Europa« in Berlin, Mai 2009; Mitte: Wiederwahl zur Bundesvorsitzenden der ASF 2012; unten: Kampagne gegen Gewalt an Frauen 2009

»Wir wollen nicht nur die Hälfte des Kuchens – wir wollen die Hälfte der Bäckerei.«

Elke Ferner wuchs in einem typischen Arbeiterviertel in Saarbrücken auf und war dort eines der wenigen Kinder, das eine weiterführende Schule besuchen konnte. Schon damals empfand sie es als ungerecht, dass viele ihrer Spielkameradinnen diese Möglichkeit nicht hatten. Zu politisieren begann sie sich in der Jugendarbeit ihrer evangelischen Kirchengemeinde. 1977 machte sie als Erste in ihrer Familie Abitur und begann eine Ausbildung zur EDV-Kauffrau. Anschließend arbeitete sie in verschiedenen Unternehmen als Programmiererin, bis sie 1990 zum ersten Mal in den Deutschen Bundestag gewählt wurde.

Am Abend der Bundestagswahl 1983 trat Elke Ferner der SPD bei, da sie die Haltung der sozial-liberalen Bundesregierung zum NATO-Doppelbeschluss und zur Nutzung der Kernenergie ablehnte.

Seit ihrem Eintritt in die SPD kämpft sie sowohl in der ASF als auch in der SPD für die tatsächliche Gleichstellung von Frauen und Männern in unserer Gesellschaft. Wichtige Ziele waren Aufstieg durch Bildung unabhängig vom Geschlecht oder der Herkunft; gleicher Lohn für gleiche und gleichwertige Arbeit; berufliche Aufstiegschancen für Frauen bis in die Spitzenfunktionen: Es geht ihr um ein partnerschaftliches Miteinander von Frauen und Männern im Erwerbs- und Privatleben und die Vereinbarkeit von Familie und Beruf für Mütter und Väter. Seit 2004 ist sie ASF-Bundesvorsitzende und gehört dem SPD-Parteivorstand seit 2005 an.

Gleichstellungspolitik ist für sie eine Querschnittsaufgabe. Deshalb hat sie als Abgeordnete in wenig frauentypischen Bereichen gearbeitet: Elke Ferner war u. a. von 1998 bis 2000 beamtete Staatssekretärin im Bundesverkehrsministerium sowie von 2002 bis 2005 Mitglied des Haushaltsausschusses.

Ihre größten politischen Erfolge waren die Verteidigung ihres Wahlkreises bei der Bundestagswahl 2005 gegen den damaligen Vorsitzenden der Linkspartei Oskar Lafontaine und die Durchsetzung des Reißverschlussverfahrens bei der Listenaufstellung für die Bundestags- und Europawahl in der Wahlordnung der SPD.

Katharina Focke, Fotografie zur Europawahl, 1984

Dr. Katharina Focke
*1922

Oben: Katharina Focke im Wahlkampf mit Günter Grass 1969; unten: Interview im Wahlkampf 1984

»Das, was ich tue, übernehme ich gern. Und manchmal mache ich mich auch aus dem Staub und vergnüge mich.« (Interview zum 80. Geburtstag)

Katharina Focke (geb. Friedlaender) war sehr geprägt durch ihren Vater, den Publizisten Ernst Friedlaender. Die NS-Zeit verbrachte die Familie in Liechtenstein und wartete auf das Kriegsende, um beim demokratischen Wiederaufbau mitzuwirken. Die Tochter arbeitete neben dem Studium als Redakteurin, bevor sie Assistentin ihres Vaters wurde.

Nach ihrer Promotion unterstützte sie ihren Mann im Rat der Europäischen Bewegung. Nach seinem frühen Tod trat Katharina Focke 1964 in die SPD ein, motiviert durch die Europapolitik der Partei. Schon zwei Jahre später war sie Abgeordnete im Landtag von Nordrhein-Westfalen. Bei der Bundestagswahl 1969 gewann sie mit unkonventionellen Methoden einen bis dahin aussichtslosen Wahlkreis im Kölner Süden. Als Erste ging sie mit Rosen und Infotischen auf die Straße.

Auch wegen ihres überraschenden Erfolges berief Bundeskanzler Willy Brandt Katharina Focke zur Parlamentarischen Staatssekretärin im Bundeskanzleramt. 1972 übertrug ihr Willy Brandt das Bundesministerium für Jugend, Familie und Gesundheit, auf das sie wenig Lust hatte, da sie nicht in die typische Frauenecke wollte. Vergeblich kämpfte sie für mehr Kompetenzen in dem Ministerium.

Ein großer Erfolg war die Durchsetzung des Arzneimittelgesetzes 1974, das endlich Konsequenzen aus dem Contergan-Skandal zog. Außerdem erreichte sie, dass die Krankenversicherung die Kosten für Schwangerschaftsberatung und legalen Abbruch übernahm. Doch im Kabinett wurden viele frauenpolitische Initiativen blockiert. Daher erklärte Katharina Focke nach der Wahl 1976 ihren Verzicht auf ihre erneute Benennung und empfahl einen Mann – neue Ministerin wurde Antje Huber.

Katharina Focke konzentrierte sich nun auf die Europa- und Entwicklungspolitik. 1984 führte sie als SPD-Spitzenkandidatin einen von der Öffentlichkeit viel beachteten Europa-Wahlkampf. Ihre politischen Aktivitäten endeten, wie sie begonnen hatten: mit ihrem Herzensthema Europa.

Anke Fuchs, Fotografie von Angelika von Stocki, 2013

Anke Fuchs
*1937

Oben: Mitglieder des Parteivorstands 1988; unten: Wahlplakat zum sächsischen Landtag 1990

»Ich wurde nicht als Mann gewählt, sondern als Frau. Das wollte ich auch so.«

Anke Fuchs (geb. Nevermann) wuchs in einer sehr sozialdemokratischen Familie auf. Der Vater gehörte zu den SPD-Spitzenpolitikern in Hamburg, Parteiprominenz kam oft nach Hause; die Mutter war kommunalpolitisch aktiv. Die Tochter kam früh zu den Falken und Jungsozialisten. Nach dem Abitur studierte sie Jura und arbeitete nach dem Referendariat erst beim DGB, 1971 wurde sie Mitglied des geschäftsführenden Vorstands der IG Metall. Während dieser Zeit heiratete sie und bekam zwei Kinder.

Anke Fuchs hatte sich immer für die soziale Sicherheit von Frauen eingesetzt, insbesondere für eine Verbesserung der Arbeitsbedingungen von Industriearbeiterinnen. 1976 kam sie als beamtete Staatssekretärin in das Bundesministerium für Arbeit und Soziales nach Bonn. Vergeblich kämpfte sie für eine Reform der Hinterbliebenenrente unter Einbeziehung von Kindererziehungszeiten; sie unterstützte alle Maßnahmen, um die Vereinbarkeit von Familie und Beruf zu vereinfachen.

Nach Antje Hubers Rücktritt wurde Anke Fuchs für ein halbes Jahr 1982 Bundesministerin für Jugend, Familie und Gesundheit, bis die sozial-liberale Koalition zerbrach. In der kurzen Zeit konnte sie einige soziale Einschnitte vermeiden und half die Künstlersozialversicherung einzuführen.

Anke Fuchs' Karriere war noch lange nicht zu Ende, dem Parteivorstand folgten die Ämter als Bundesgeschäftsführerin der SPD und Vizepräsidentin des Bundestages. 1990 kandidierte sie bei der ersten sächsischen Landtagswahl als SPD-Spitzenkandidatin – ohne Aussicht auf Erfolg. Doch mit 19,1 % erzielte sie das beste Zweitstimmenergebnis der sächsischen SPD bei einer Landtagswahl.

Darüber hinaus war Anke Fuchs von 1995 bis 2007 Präsidentin des Deutschen Mieterschutzbundes und 2003–10 Vorsitzende der Friedrich-Ebert-Stiftung.

Barbara Hendricks, Fotografie von Angelika von Stocki, 2013

Dr. Barbara Hendricks
*1952

»Die Sozialdemokratinnen und Sozialdemokraten haben schon den Anspruch, tatsächlich die Welt zu verändern, so groß sich das auch anhört.«
(2013)

Barbara Hendricks kommt aus einer katholischen Familie vom Niederrhein. Der Vater war ein eher passives Mitglied der CDU. Die Tochter hatte sich als Schülerin in der Kirchengemeinde engagiert. Nach der Schule studierte sie Geschichte und Sozialwissenschaften für das Lehramt und promovierte.

Mit 19 Jahren trat sie in die SPD ein, um in der Aufbruchsstimmung des Bundeswahlkampfs 1972 mitzuwirken, die Ostpolitik von Bundeskanzler Willy Brandt zu unterstützen und in der Gesellschaft etwas zu bewegen. 1978 begann sie in der Pressestelle der SPD-Bundestagsfraktion zu arbeiten, von 1981–90 war sie Sprecherin des NRW-Finanzministers; seit 1991 Ministerialrätin im Ministerium für Umwelt, Raumordnung und Landwirtschaft.

1989 wurde Barbara Hendricks Vorsitzende der SPD im Kreis Kleve. Etwa zur selben Zeit gründete sich die Sozialdemokratische Partei (SDP) der DDR. Obwohl sie keine Kontakte in die DDR hatte, fühlte sie sich von der Aufbruchsstimmung angesprochen. Nach dem Fall der Mauer beschloss sie mit dem Unterbezirk Kleve, Verbindungen zur SDP aufzunehmen und Unterstützung anzubieten. Sie engagierte sich beim Aufbau einer Partnerschaft im Erzgebirge, die bis heute anhält.

1994 in den Bundestag gewählt, wurde Barbara Hendricks 1998 Parlamentarische Staatssekretärin im Bundesfinanzministerium, seit 2007 ist sie Schatzmeisterin der SPD. Damit obliegt ihr die Finanz- und Vermögensverwaltung der Partei. Sie gilt als eine der einflussreichsten Frauen der Partei. Egal ob es um die Organisation des Wahlkampfes oder eines Parteitags geht, sie hat immer ein Wort mitzureden. Zugleich ist sie Generaltreuhänderin für den Besitz der SPD.

In Berlin lebt Barbara Hendricks in einer Politikerinnen-WG. Trotz langer Jahre in der Bundeshauptstadt ist sie von »ganzem Herzen« Niederrheinerin.

Oben: Barbara Hendricks und der NRW-Ministerpräsident Johannes Rau beim NRW-Landesparteitag 1990 in Siegen; Mitte: Plakatwand zur ersten Landtagskandidatur von Barbara Hendricks 1985; unten: Die Schatzmeisterin vor dem Reichstagsgebäude 2001

Antje Huber, Fotografie zur Bundestagswahl, 1976

Antje Huber
*1924

Oben: Antje Huber mit Bundeskanzler Schmidt während einer Debatte zur Situation der Frauen 1981; Mitte: Antje Huber und Ministerpräsident Johannes Rau beim Landesparteitag 1985 in Oberhausen; unten: Ostergrüße von Antje Huber, Karikatur von Wolfgang Hicks

»Ich habe den Wahlkreis in einer Minute bekommen, ohne jede Aussprache. Der Grund: der Wahlkreis galt als nicht gewinnbar.«

Antje Huber (geb. Pust) wuchs in Berlin auf, der Vater war Volksschullehrer. Sie machte eine Ausbildung zur Journalistin und arbeitete in der Nachkriegszeit als Redakteurin bei der »Neuen Ruhr Zeitung«. 1948 trat sie in die SPD ein, da sie dazu beitragen wollte, eine stabile demokratische Ordnung aufzubauen. Bei ihrer ersten lokalen Parteiversammlung wurde sie zur Schriftführerin gewählt.

Nach einer Familienpause, in der Antje Huber politisch besonders aktiv war, besuchte sie die Dortmunder Sozialakademie und wurde später dort Studienleiterin. 1964 wurde sie in den Rat der Stadt Essen gewählt, zwei Jahre später kandidierte sie für den Landtag und verlor ganz knapp, doch bei der Bundestagswahl 1969 gewann sie einen bis dahin aussichtslosen Wahlkreis. Sowohl im Rat von Essen wie im Bundestag arbeitete sie als Finanzpolitikerin.

1976 wurde sie Bundesministerin für Jugend, Familie und Gesundheit. Als Ministerin setzte sich Antje Huber u. a. für ein Antidiskriminierungsgesetz, Frauenförderung, Mutterschaftsurlaub, Frauenhäuser und ein Antidrogenprogramm ein. Die von der Regierung beschlossenen Einsparungen beim Kindergeld wollte sie nicht mittragen.

Auf Anerkennung ihrer Leistung aus dem Kanzleramt wartete sie vergeblich. Mehrfach hatte sie Bundeskanzler Helmut Schmidt loyal den Rücken gestärkt, doch erhielt sie wenig Unterstützung, deshalb trat sie im April 1982 zurück. Zwar möchte sie rückblickend ihre Erfahrungen als Bundesministerin nicht missen, doch im Nachhinein wäre sie lieber Sprecherin im Ausschuss für Steuern und Finanzen geblieben. Das habe sie »furchtbar gern« gemacht. Nach ihrem Rückzug als Ministerin wurde Antje Huber stellvertretende Vorsitzende des Auswärtigen Ausschusses.

Bis heute bereichert sie die Debatten des Seniorenrates der SPD.

Hannelore Kraft, Fotografie von Angelika von Stocki, 2013

Hannelore Kraft
*1961

Oben: Hannelore Kraft während ihres Studienaufenthaltes in London; Mitte: Wahl in den Landtag 2000; unten: Jens Böhrnsen gratuliert seiner Nachfolgerin zur Wahl als Bundesratspräsidentin 2010.

»Ich habe in meinem beruflichen Leben festgestellt, dass Männer auch nur mit Wasser kochen.«

Hannelore Kraft (geb. Külzhammer) kommt aus Mülheim an der Ruhr. Der Vater war Straßenbahnfahrer, später Verkehrsmeister, die Mutter Verkäuferin. Immer wieder erlebte sie Situationen, in denen sie sich als einziges Mädchen und einzige Frau durchboxen musste: beim Fußball auf dem Schulhof, im Chemie-Leistungskurs oder als Projektleiterin beim Zentrum für Innovation und Technik. Im Anschluss an das Abitur absolvierte Hannelore Kraft eine Lehre als Bankkauffrau, studierte in Duisburg Wirtschaftswissenschaften und ging zum Auslandsstudium nach London. Nach einer verlorenen Kommunalwahl in Mülheim trat sie 1994 in die SPD ein.

Im Jahr 2000 wurde Hannelore Kraft Landtagsabgeordnete. Mit ihrem kleinen Sohn im Schlepptau klebte sie selbst Wahlplakate und erarbeitete sich schrittweise die Anerkennung der Genossinnen und Genossen. 2001 wurde sie Europaministerin und später Wissenschaftsministerin, 2005 SPD-Fraktionsvorsitzende im Landtag und 2007 Landesvorsitzende der SPD in Nordrhein-Westfalen. Eine steile Karriere!

Als Unternehmensberaterin wusste sie, was Frauen bei Ämterbesetzungen oft falsch machen. Beherzt trat sie die Kandidatur zu Führungspositionen an. Nach der Landtagswahl 2010 ist Hannelore Kraft zur Ministerpräsidentin einer SPD-geführten Minderheitsregierung gewählt worden. Aus den Neuwahlen 2012 ging sie mit der SPD als klare Siegerin hervor.

Hannelore Kraft profitierte von der Bildungsreform der 1970er Jahre und kämpft für ein gerechteres Bildungssystem mit mehr Chancengerechtigkeit und Aufstiegsmöglichkeiten. Sie steht dafür ein, dass der Zugang zu Bildung nicht vom Geldbeutel der Eltern abhängen darf. Mit einer vorbeugenden Politik unter dem Motto »Wir wollen kein Kind mehr zurücklassen« will sie gezielte und frühzeitige Hilfen ermöglichen, damit jedes Kind gefördert wird und seine Talente entfalten kann.

Jutta Limbach, Fotografie von Angelika von Stocki, 2013

Dr. Jutta Limbach
*1934

»Meine Urgroßmutter und meine Großmutter waren ja selbst Frauen, die ... in der Politik tätig gewesen sind. Das waren ungemein tatkräftige Frauen, auf die ich heute noch stolz bin.«

Jutta Limbach (geb. Ryneck) kam aus einer Familie starker sozialdemokratischer Frauen. Ihre Urgroßmutter Pauline Staegmann ging in Hosen zu SPD-Versammlungen; ihre Großmutter Elfriede Ryneck saß für die SPD in der Weimarer Nationalversammlung und im Reichstag. Es hätte der Enkelin gefallen, Bürgermeisterin von Berlin zu werden. Louise Schroeder war ein herausforderndes Vorbild für sie. Nach dem Abitur studierte sie Jura und promovierte 1962. Dann trat sie der SPD bei.

Zunächst entschied sie sich für eine universitäre Karriere und wurde wissenschaftliche Mitarbeiterin an der Freien Universität Berlin, 1972 übernahm sie eine Professur für Zivilrecht. Mit Mitte 50 machte Jutta Limbach ihren Berufswunsch als Politikerin wahr und wurde 1989 unter dem Regierenden Bürgermeister Walter Momper Justizsenatorin. Nach dem Fall der Mauer war Jutta Limbach unverhofft mit dem Aufbau einer rechtsstaatlichen Justiz in Ost-Berlin und mit der Überprüfung von dortigen RichterInnen und StaatsanwältInnen betraut. Sie kritisierte die Freilassung von Erich Honecker und drang vergeblich auf eine neue gesamtdeutsche Verfassung.

1994 erfüllte sich ein weiterer Traum für Jutta Limbach, als sie Richterin am Bundesverfassungsgericht wurde; ein Jahr später rückte sie als erste Frau an die Spitze des höchsten deutschen Gerichts. In ihre Amtszeit fielen heiß diskutierte Entscheidungen wie das Kruzifix-Urteil und Entscheidungen zum Asylrecht. Als Präsidentin berief sie Frauen zur Pressesprecherin und Direktorin; sie sorgte mit Halbtagsstellen dafür, dass mehr wissenschaftliche Assistentinnen am höchsten Gericht eine Karriere beginnen konnten.

Oben: Jutta Limbach bei der Veranstaltung zum Gedenken der NS-Opfer am 20. Juli 1995; Mitte: Bundespräsident Herzog ernennt Jutta Limbach zur Präsidentin des Bundesverfassungsgerichts; unten: Die Präsidentin des Bundesverfassungsgerichts

Andrea Nahles, Fotografie von Angelika von Stocki, 2013

Andrea Nahles
*1970

Oben: Andrea Nahles; unten: Rede zur Bewerbung als Generalsekretärin auf dem Parteitag in Dresden 2009

»Zur Selbstbestimmung gehört auch die Verfügungsgewalt über meine Zeit.«

Andrea Nahles wuchs in der Eifel in einer Maurerfamilie auf. Ihr erstes politisches Engagement begann in einer Bürgerinitiative gegen den Bau zweier Müllverbrennungsanlagen. Mit 18 Jahren trat sie in die SPD ein und gründete einen Ortsverein in ihrer Heimatgemeinde Weiler, was große Unruhe im Ort verursachte. Sofort war sie Vorsitzende des Ortsvereins und zog als einzige Frau in den Gemeinderat von Weiler ein.

Während ihres Studiums in Bonn wurde Andrea Nahles Bundesvorsitzende der Jusos (1995–99), 1998 wurde sie erstmals Mitglied des Bundestages. Die streitbare Jungpolitikerin fiel durch lautstarke Kritik auf. Wiederholt forderte sie eine Vermögenssteuer und eine Ausbildungsumlage. Später war sie eine der heftigsten innerparteilichen Kritikerinnen der Agenda 2010. Seit 1997 ist sie Mitglied im SPD-Parteivorstand und leitet dort die Projektgruppe Bürgerversicherung. 2000 war sie Gründungsvorsitzende des Forums Demokratische Linke 21.

2005 setzte sie zum ersten Mal ihre Kandidatur zur Generalsekretärin gegen den Vorschlag des Parteivorsitzenden durch; aufgrund heftiger innerparteilicher Kritik trat sie sofort nach der Wahl zurück. Die »Zeit« bezeichnete sie als wichtigste Nachwuchspolitikerin in der SPD. Andrea Nahles gehörte 2009 zum Schattenkabinett von Kanzlerkandidat Frank-Walter Steinmeier. Nach der verlorenen Bundestagswahl wurde sie zur Generalsekretärin gewählt.

Zum Bundestagswahlkampf 2013 tritt Andrea Nahles mit der Idee an die Öffentlichkeit, dass junge Eltern nur 30 Stunden arbeiten sollen – bei vollem Lohn. Einen Teil des Lohnausgleichs soll der Staat übernehmen. Weiter fordert sie flexiblere Möglichkeiten des Berufseinstiegs für junge Mütter.

Ulla Schmidt, Fotografie von Angelika von Stocki, 2013

Ulla Schmidt
*1949

Oben: Wahlplakat aus Aachen von 1990; unten: Die Gesundheitsministerin diskutiert mit Demonstranten gegen die Gesundheitsreform 2004.

»Ich hatte ein Prinzip: Wenn mich jemand gefragt hat, ob ich etwas machen will, was mich interessiert, hab ich immer Ja gesagt. Das halte ich für wichtig, dass Frauen sagen: Ich trau mir das zu ...«

Ursula Schmidt (geb. Radermacher) ist die Tochter einer geschiedenen, alleinerziehenden Fabrikarbeiterin aus Aachen. Später war sie selbst auch alleinerziehend. Die Familie lebte sehr beengt, die Geschwister verbrachten viel Zeit auf der Straße. Trotz guter Noten und der Unterstützung der Mutter empfahl die Volksschule nur den Besuch der Realschule. Nach dem Besuch eines Aufbaugymnasiums studierte Ulla Schmidt für das Lehramt.

Während des Studiums unterstützte sie den Kommunistischen Bund Westdeutschlands (KBW). Ulla Schmidt weigerte sich, eine Verpflichtungserklärung auf das Grundgesetz zu unterschreiben, damit fiel sie unter den Radikalenerlass und wurde zunächst nicht in den Schuldienst übernommen. 1976 wurde sie doch als Lehrerin an einer Sonderschule eingestellt. 1983 trat sie in die SPD ein, da sie ihre Mutter schon zuvor zu Parteiversammlungen begleitet und mitdiskutiert hatte.

1990 wurde Ulla Schmidt Abgeordnete im Bundestag und ein Jahr später Vorsitzende der Querschnittsgruppe »Gleichstellung von Frau und Mann«, in der sie wichtige frauenpolitische Initiativen anschob, z.B. Vergewaltigung in der Ehe unter Strafe zu stellen. 1998 wurde sie zur stellvertretenden Fraktionsvorsitzenden gewählt. Als Bundeskanzler Gerhard Schröder sie 2001 zur Gesundheitsministerin berief, gehörte Gesundheitspolitik nicht zu ihrem Spezialgebiet. Doch sie arbeitete sich hartnäckig ein.

Ulla Schmidt baute ihr Ministerium zu einer Schaltstelle sozialdemokratischer Politik um. Es ging ihr darum, die solidarische Finanzierung unseres Gesundheitssystems zu erhalten. Dafür legte sie sich mit den Kassenverbänden und Ärzten an, verschärfte die Regulierung der Pharmapreise und verschaffte sich Respekt. Für ihre Überzeugung hatte sie schon immer gekämpft. Bundeskanzlerin Angela Merkel nannte sie anerkennend ihre »renitenteste« Ministerin in der Großen Koalition.

Renate Schmidt, Fotografie als Bundesministerin für Familie, Senioren, Frauen und Jugend

Renate Schmidt
*1943

Gerhard Schröder

Oben: Veranstaltung zu 70 Jahre »Frauenwahlrecht« 1988 in Bonn-Bad Godesberg, in der Mitte Renate Schmidt; Mitte: Wahl zur stellvertretenden SPD-Vorsitzenden 1997; unten: Anti-Gewalt-Kampagne mit Nena 2003

»Lieber das Neue wagen, als auf alten Gleisen weiterfahren.«

Renate Schmidt (geb. Pokorny), Mutter von drei Kindern, machte eine Ausbildung zur Programmiererin und Systemanalytikerin. Bis 1980 war sie bei Quelle tätig, wo sie seit 1972 dem Betriebsrat angehörte. 1972 trat Renate Schmidt in die SPD ein. Im Jahr 1980 zog sie erstmals in den Deutschen Bundestag ein. Von 1990 bis 1994 war sie Vizepräsidentin des Bundestages.

Sowohl in der Bundes-SPD als auch in der bayerischen SPD übernahm sie führende Positionen: Von 1991 bis 2000 war sie Landesvorsitzende der SPD in Bayern, für die sie u. a. 1994 und 1998 als Kandidatin für das Amt der Ministerpräsidentin in den Wahlkampf zog. In den Jahren 1987 bis 1990 war Renate Schmidt stellvertretende Vorsitzende der SPD-Bundestagsfraktion – dort leitete sie auch den Arbeitskreis Gleichstellung von Mann und Frau. 1991 wurde sie Mitglied des SPD-Präsidiums und von 1997 bis 2003 amtierte sie als stellvertretende Bundesvorsitzende der Partei.

In der zweiten rot-grünen Koalition von 2002 bis 2005 war Renate Schmidt Bundesministerin für Familie, Senioren, Frauen und Jugend. Ihr zentrales Thema als Ministerin war es, die Vereinbarkeit von Familie und Beruf in der Bundesrepublik zu verbessern und damit mehr Frauen zu Familie, Berufstätigkeit und Karriere zu verhelfen. Im Mittelpunkt stand dabei zunächst der Ausbau der Kinderbetreuung. Renate Schmidt hat als Ministerin das einkommensabhängige Elterngeld in die Diskussion gebracht und erste Entwürfe für ein Gesetz vorgelegt – sie erreichte, dass die Einführung des Elterngeldes im Koalitionsvertrag der Großen Koalition 2005 festgeschrieben wurde.

Als Ministerin initiierte sie verschiedene Kampagnen: die »Allianz für Familien« für eine familienfreundliche Unternehmenspolitik, die Aktion »Schau hin« zur Medienerziehung gegen Gewalt im Fernsehen und »Hinsehen. Handeln. Helfen!« gegen den sexuellen Missbrauch von Kindern.

Im Jahr 2009 schied Renate Schmidt aus dem deutschen Bundestag aus und ist seither als Beraterin für mehrere Unternehmen und ehrenamtlich für zahlreiche Organisationen tätig.

Heide Simonis, Fotografie von Angelika von Stocki, 2013

Heide Simonis
*1943

»Man musste, gerade als Frau ... sehr kompetent sein, nicht nur gut informiert, sondern auch sachlich überzeugend argumentieren können. Vor allem aber muss frau zäh sein und einiges einstecken können.«

Heide Simonis (geb. Steinhardt) war die älteste von drei Töchtern, die in der Kindheit wegen eines Asthmaleidens viel Zeit in Reha-Kliniken verbrachte. In der Schule war sie Klassensprecherin und stellvertretende Schulsprecherin. Nach dem Abitur studierte sie wie ihr Vater Volkswirtschaft. Sie heiratet mit 24 Jahren, um von Zuhause ausziehen zu können. Darauf ging sie mit ihrem Mann für zwei Jahre nach Sambia.

Nach der Rückkehr nach Deutschland trat Heide Simonis 1969 in die SPD ein. In Afrika hatte sie den Vorsatz gefasst, sich für eine bessere Entwicklungspolitik einzusetzen. Sie traute sich viel zu, wurde schnell in den Rat der Stadt Kiel gewählt und gewann 1976 überraschend einen aussichtslosen Wahlkreis für den Bundestag.

Als jüngste Abgeordnete meldete sie ihren Anspruch auf einen Sitz im Haushaltsausschuss an. Dort arbeitete sie sich zur Sprecherin hoch. Für typische Frauenthemen hat sie sich nicht interessiert. 1988 ernannte sie Ministerpräsident Björn Engholm als erste SPD-Politikerin zur Finanzministerin. Dieses Amt im hoch verschuldeten Land trauten ihr viele Menschen nicht zu. Doch sie schlug sich erfolgreich.

Nach dem Rücktritt von Björn Engholm 1993 wurde Heide Simonis Ministerpräsidentin von Schleswig-Holstein, als erste Frau in einem Bundesland. Rückwirkend empfand sie es in dieser Situation als Vorteil, eine Frau zu sein. Sie regierte 12 Jahre in Kiel. Ihre Politik zielte auf Strukturwandel: weg von Landwirtschaft und Schiffsbau zu mehr Zukunftstechnologien. Im Jahr 2000 gehörten ihrem Kabinett erstmals in Deutschland mehr Frauen als Männer an.

Oben: Vereidigung zur Ministerpräsidentin durch die Landtagspräsidentin Ute Erdsiek-Rave; Mitte: Politischer Aschermittwoch der SPD in Marne; unten: Wahlkampffoto

Inge Wettig-Danielmeier, Fotografie von Angelika von Stocki, 2013

Inge Wettig-Danielmeier
*1936

Oben: Elfriede Hoffmann gratuliert ihrer Nachfolgerin als Vorsitzende der ASF; Mitte: Regierungsmannschaft von Gerhard Schröder für die Landtagswahl in Niedersachsen 1986; unten: Die Schatzmeisterin mit der SPD-Kasse

»Es kann nicht darum gehen, Frauen in die Männergesellschaft zu integrieren, wir müssen unsere Gesellschaft verändern.«

Inge Wettig-Danielmeier (geb. Danielmeier) ist die Tochter eines Maurers, der sich zum Bauingenieur weiterbildete, und einer Textilverkäuferin. Der jüngere Bruder konnte studieren, sie machte eine Ausbildung zur Dolmetscherin und Auslandskorrespondentin. Über den Zweiten Bildungsweg holte sie das Abitur nach und studierte Sozialwissenschaften. Nach der Modernisierung der Entscheidungsstrukturen der SPD auf dem Stuttgarter Parteitag wurde sie 1959 Mitglied und engagierte sich u. a. bei den Jusos.

1972 hängte Inge Wettig-Danielmeier ihre Universitätskarriere an den Nagel und zog als zweite weibliche Abgeordnete der SPD-Fraktion in den Niedersächsischen Landtag ein. Bald machte sie sich als Bildungspolitikerin einen Namen und prägte die SPD-Hochschulpolitik. Sie setzte sich von Anfang an für eine gleichberechtigte Berufstätigkeit von Frauen sowie Vereinbarkeit von Familie und Beruf für beide Geschlechter ein.

Inge Wettig-Danielmeier wurde 1981 Vorsitzende der ASF. Sie hatte seit 1968 für eine selbständige Frauenarbeit in der SPD gekämpft. In ihrer neuen Funktion machte sie sich trotz anfänglicher Skepsis für eine Geschlechterquote in den Parteigremien und bei den Listenplätzen stark. Bei der Neuregelung des § 218 von 1992 spielte Inge Wettig-Danielmeier eine entscheidende Rolle. Es gelang ihr, einen parteiübergreifenden Kompromiss in Form einer Fristenregelung mit verpflichtender Beratung zu erwirken.

Weitere wichtige Stationen ihrer politischen Karriere waren: Parteivorstand 1982 bis 2007 und von 1982 bis 1992 Vorsitz der Kommission für Bildungspolitik beim SPD-Parteivorstand; 1984 bis 1989 stellvertretende Vorsitzende der Programmkommission. 1991 wurde Inge Wettig-Danielmeier als erste Frau Schatzmeisterin der SPD. In ihre Amtszeit fielen die Neuregelung der Parteienfinanzierung und der Umzug der Regierung nach Berlin. Sie nutzte den Umzug mit dem Bau des Willy-Brandt-Hauses für einen veränderten öffentlichen Auftritt der SPD. Von großer Bedeutung für die wirtschaftliche Unabhängigkeit wurde ihre Sanierungspolitik bei den SPD-Unternehmen.

Heidemarie Wieczorek-Zeul, Fotografie von Angelika von Stocki, 2013

Heidemarie Wieczorek-Zeul
*1942

Oben: Die Juso-Vorsitzende 1976 auf dem außerordentlichen Parteitag in Dortmund; Mitte: Heidemarie Wieczorek-Zeul mit ihren Mitbewerbern für den SPD-Parteivorsitz 1993; unten: Heidemarie Wieczorek-Zeul beim SPD-Parteitag 1997

»Ich habe meinen Schülern und Schülerinnen immer gesagt: ihr habt euren Kopf nicht zum Nicken, sondern zum Denken.«

Heidemarie Wieczorek-Zeul (geb. Zeul) kam aus einer unpolitischen Familie. Ihre Eltern hatten eine Gärtnerei in Frankfurt. Nach der Schule studierte sie Geschichte und Englisch und arbeitete ab 1965 als Lehrerin. Durch den Kontakt mit dem damaligen Hessischen Generalstaatsanwalt Fritz Bauer und unter dem Eindruck der Auschwitz-Prozesse in Frankfurt trat sie 1965 der SPD bei. Die Ostpolitik von Kanzler Willy Brandt war richtungsweisend für sie. 1974 wurde sie als erste Frau Bundesvorsitzende der Jungsozialisten. Sie sah ihre Funktion als Brücke zwischen der Studentenbewegung und der SPD.

1979 wurde sie bei der ersten Direktwahl in das Europäische Parlament gewählt, 1987 wechselte sie in den Bundestag und wurde europapolitische Sprecherin der SPD-Bundestagsfraktion. Bei der Urabstimmung der Mitglieder 1993 über einen neuen SPD-Parteivorsitzenden bewarb sie sich erfolglos gegen Rudolf Scharping und Gerhard Schröder. Von 1993 bis 2005 war sie stellvertretende Parteivorsitzende der SPD.

1998 berief Bundeskanzler Gerhard Schröder Heidemarie Wieczorek-Zeul zur Bundesministerin für wirtschaftliche Zusammenarbeit und Entwicklung. Als Ministerin setzte sie Akzente in der internationalen Armutsbekämpfung. Sie engagierte sich für die Umsetzung der UN-Milleniumsentwicklungsziele, insbesondere bei der Bekämpfung von HIV/Aids und bei der Stärkung von Frauen. Ihr Ministerium behielt sie während der Großen Koalition unter Bundeskanzlerin Angela Merkel und war damit dienstälteste Ministerin.

Friedenspolitik, Gewaltprävention und restriktive Waffenexportpolitik waren politische Leitthemen für sie. Wiederholt hat sich Heidemarie Wieczorek-Zeul gegen Kriege ausgesprochen. Den Irak-Krieg von George W. Bush 2003 nannte sie ein Verbrechen, den kriegerischen Überfall Israels gegen Libanon 2006 »völkerrechtlich völlig inakzeptabel«. Dafür erntete sie öffentliche Kritik.

Brigitte Zypries, Fotografie von Angelika von Stocki, 2013

Brigitte Zypries
*1953

»Ich betrachte es nicht als Niederlage, wenn nicht jeder meiner Vorschläge durchkommt. Ich betrachte es auch nicht als Schwäche, zu besserer Einsicht zu gelangen.« (2005)

Brigitte Zypries kommt aus einer Kasseler Familie, die ein Fotolabor betrieb. Sie war nicht nur Sprecherin ihrer Schule, sondern auch Stadt- und Landesschulsprecherin. In Gießen studierte sie Jura. Sie arbeitete als Referentin in der Hessischen Staatskanzlei und wurde 1988 zur wissenschaftlichen Mitarbeiterin im Ersten Senat des Bundesverfassungsgerichts in Karlsruhe berufen.

Der rot-grüne Regierungswechsel 1990 in Niedersachsen reizte Brigitte Zypries – und ab Januar 1991 arbeitete sie in der Staatskanzlei mit. Schnell lernte sie die Regeln der Politik und diskutierte abends oft noch bei einem Glas Rotwein mit ihrem Chef, Gerhard Schröder. Nach dem rot-grünen Sieg bei der Bundestagswahl 1998 wurde sie Staatssekretärin im Bundesministerium des Innern. Dort führte sie das Internet als Kommunikationsmittel zwischen der Bevölkerung und den Behörden ein. Im August 2002 koordinierte sie die Fluthilfe der Regierung bei der Hochwasserkatastrophe in Ostdeutschland.

Nach der Bundestagswahl 2002 berief Bundeskanzler Gerhard Schröder Brigitte Zypries zur Bundesministerin der Justiz. Im Laufe ihrer Amtszeit bis 2009 war sie mit einer Vielzahl von Gesetzesvorhaben in den Bereichen Verbraucherschutz, Sicherheit und Modernisierung des Rechtsstaats befasst. Aufsehen erregte sie im Januar 2005 mit ihrem Vorstoß, heimliche Vaterschaftstests verbieten zu lassen; das Bundesverfassungsgericht bestätigte später ihre Entscheidung. 2007 legte Brigitte Zypries den Entwurf für das Gesetz zur Änderung des Unterhaltsrechts vor. Viele Frauen, die lange Jahre verheiratet waren und Kinder erzogen hatten, fühlten sich benachteiligt.

Seit 2005 ist Brigitte Zypries direkt gewählte Bundestagsabgeordnete und seit 2009 Justiziarin der SPD-Bundestagsfraktion. Damit vertritt sie die Fraktion und ihre Mitglieder in rechtlichen Streitfällen.

Oben: Empfang des türkischen Justizministers Cemil Çiçek 2003; Mitte: Brigitte Zypries auf einer Pressekonferenz zu Patientenrechten 2003; unten: Brigitte Zypries im Paul-Löbe-Haus, 2012

Blick in die Ausstellung

Broschüren zur Anwerbung von Frauen für die SPD aus den späten 40er und 50er Jahren. Leihgaben: Archiv der deutschen Frauenbewegung, Kassel

Oben: Plakate zur Reichstagswahl 1932; Mitte: Plakat zur Bundestagswahl 1949; unten: Flugblätter zur Bundestagswahl 1969. Leihgabe: Archiv der sozialen Demokratie / Friedrich-Ebert-Stiftung

Rechts: Schwestern zur Sonne zur Gleichheit – ASF-Plakat zum Internationalen Frauentag 1987; unten links: Frauen wählen Männer – Plakat zur Bundestagswahl 1972; unten rechts: Da muss man durch – Landtagswahl Niedersachsen 1990. Leihgabe: Archiv der sozialen Demokratie / Friedrich-Ebert-Stiftung

Erinnerungen an Annemarie Renger
Leihgabe: Archiv der sozialen Demokratie /
Friedrich-Ebert-Stiftung

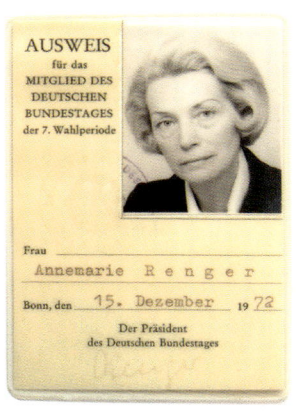

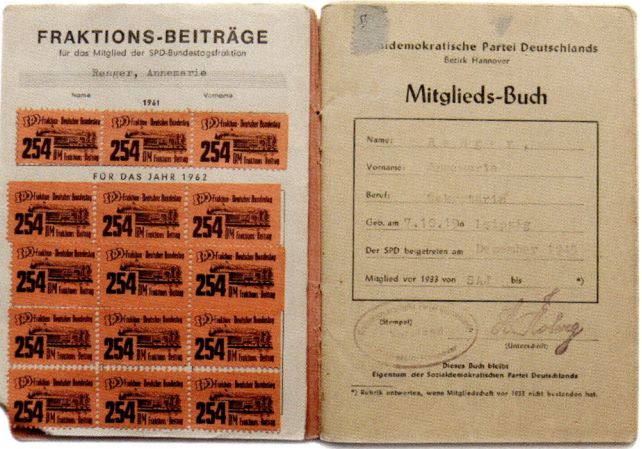

Die Krankenpflege-Ministerin

Geschlechtsumwandlung: aus Anke Fuchs wird Wichnewski

Oben: Gesundheitsreform der Bundesministerin Ulla Schmidt (Rainer Ehrt 2003); oben rechts: Konkurrenz um eine höhere Funktion (Wolfgang Hicks um 1980); rechts: Juso-Bundesvorsitzende Heidemarie Wieczorek-Zeul, das schwarze bzw. rote Schaf der SPD-Herde (Peter Leger 1974); unten: Entwicklungsministerin Marie Schlei verteilt Gelder an Staaten mit pro-sowjetischer Haltung (Wolfgang Hicks 1977). Leihgabe: Haus der Geschichte, Bonn

WIDERBORSTIGE HEIDI-SCHNUCKE

Ehrung als »Frau des Jahres 1991«
durch den Deutschen Staats-
bürgerinnen-Verband
(Karikatur von Barbara Henninger)

URKUNDE

Hiermit ernenne ich

Frau
Dr. Regine Hildebrandt

zur

Ministerin für Arbeit, Soziales,
Gesundheit und Frauen

Potsdam, den 22. November 1990

LAND BRANDENBURG
DER MINISTERPRÄSIDENT

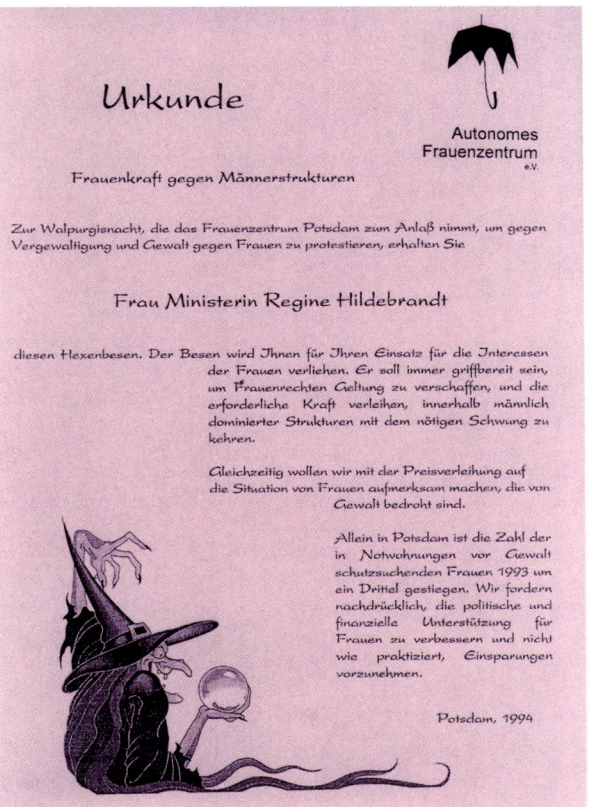

Urkunde

Autonomes
Frauenzentrum
e.V.

Frauenkraft gegen Männerstrukturen

Zur Walpurgisnacht, die das Frauenzentrum Potsdam zum Anlaß nimmt, um gegen
Vergewaltigung und Gewalt gegen Frauen zu protestieren, erhalten Sie

Frau Ministerin Regine Hildebrandt

diesen Hexenbesen. Der Besen wird Ihnen für Ihren Einsatz für die Interessen
der Frauen verliehen. Er soll immer griffbereit sein,
um Frauenrechten Geltung zu verschaffen, und die
erforderliche Kraft verleihen, innerhalb männlich
dominierter Strukturen mit dem nötigen Schwung zu
kehren.

Gleichzeitig wollen wir mit der Preisverleihung auf
die Situation von Frauen aufmerksam machen, die von
Gewalt bedroht sind.

Allein in Potsdam ist die Zahl der
in Notwohnungen vor Gewalt
schutzsuchenden Frauen 1993 um
ein Drittel gestiegen. Wir fordern
nachdrücklich, die politische und
finanzielle Unterstützung für
Frauen zu verbessern und nicht
wie praktiziert, Einsparungen
vorzunehmen.

Potsdam, 1994

Marlies Obier, »ins Freie«
Blumen für Rosa Luxemburg 2013
Installation aus Hör-Collage
mit Hör-Station und 9-teiliger Collage,
je 21 x 30 cm

In den wechselnden Gefängnissen,
in denen Rosa Luxemburg inhaftiert
wurde, arbeitete sie weiter an ihren
politischen Schriften, legte aber auch
ein Herbarium der Blumen an, die ihr
von Besucherinnen mitgebracht oder
zugesandt wurden oder die sie im Ge-
fängnishof fand. Sorgfältig bewahrte
sie jeden Naturgruß in eigenen Heften
und jede Erinnerung an durch das
Gitter gehörte Vogelstimmen in ihren Briefen auf. »gehen Sie vor allem
viel ins Feld, ins Freie. Dort holt man
sich immer Trost und Lebensfreude«
schrieb sie einer Freundin, ohnmäch-
tig darauf wartend, auch selbst endlich frei gelassen zu werden.

Die Abbildungen zeigen Details
der Collage; rechte Seite:
Hör-Station, Metallsäule,
mit Tonabspielsystem,
10 x 10 x 100 cm

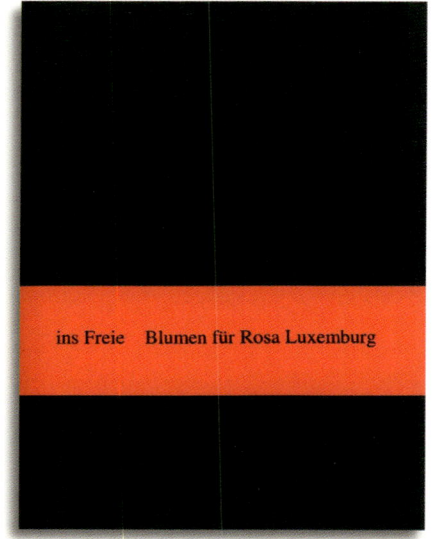

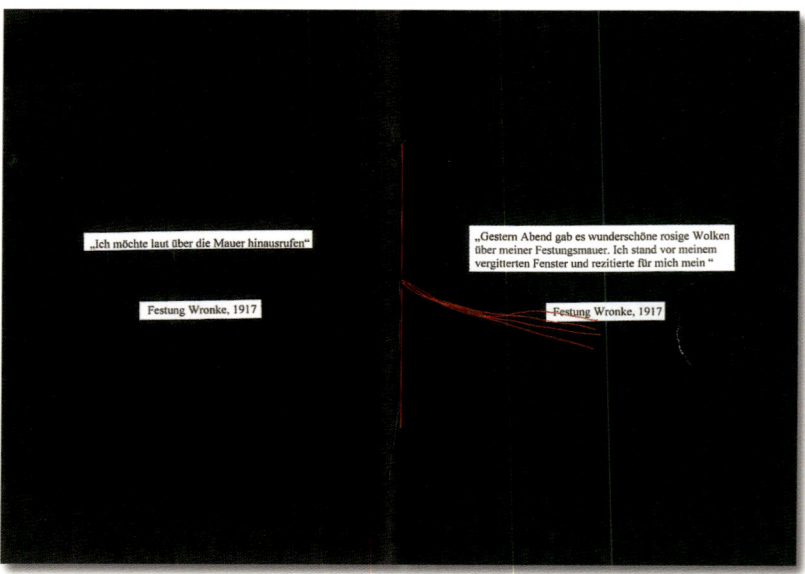

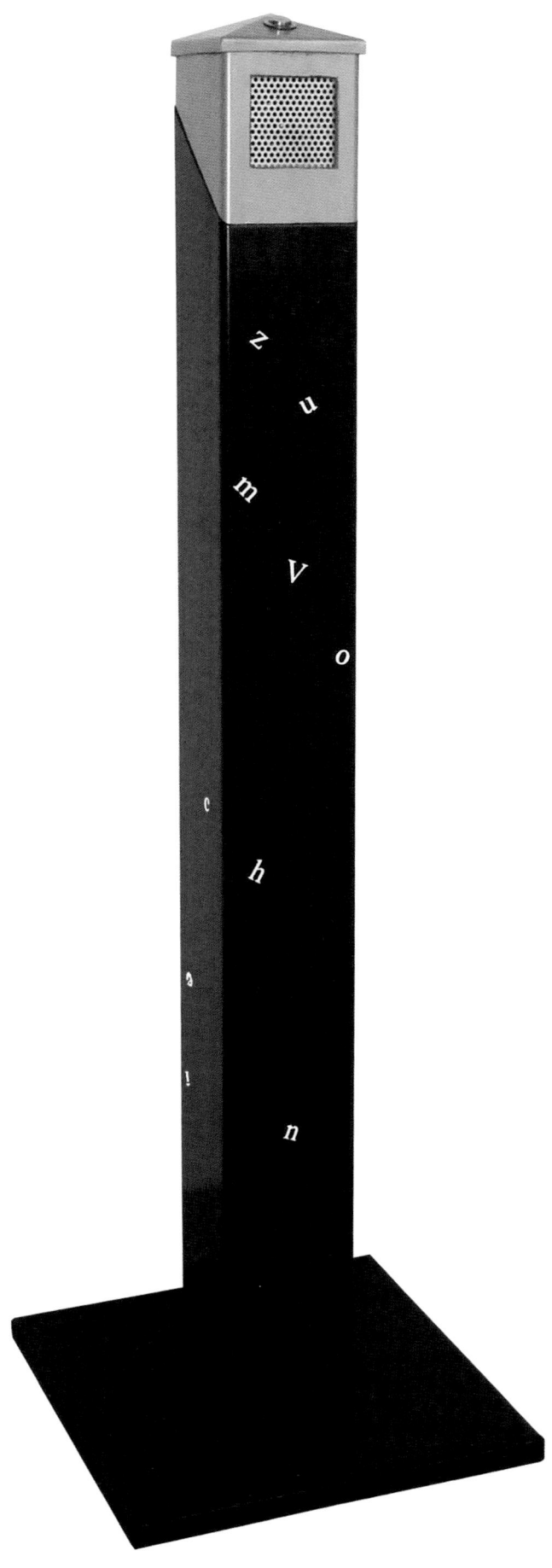

Ulla Schenkel, »150 Jahre, die SPD und die Erwartungen der Frauen«,
2012, Holzdruck, Linoldruck, Stickerei, Applikation auf Textil,
180 x 200 cm

128

Marianne Pitzen, »Johanna Kinkels Emigration«,
2012, Papier, Kleister, lebensgroße Figurengruppe
(Foto: Lene Pampolha / Haus der Papierindustrie)

Erinnerung an eine Frühsozialistin (1810–1858)
Die Bonnerin Johanna Kinkel, bekannt als Kompo-
nistin, Dirigentin und Gründerin eines kulturellen
Zirkels, war bereits im Vormärz engagiert und stand
in regem Briefwechsel mit Bettina von Arnim, Fanny
Lewald und Mendelson. Von ihrem ersten Mann
ließ sie sich scheiden und heiratete Gottfried Kinkel,
einen evangelischen Theologen und späteren Revo-
lutionär. Sie beteiligte sich intensiv an der 48er Revolution. Während Gottfried Kinkel in Berlin in Fes-
tungshaft war und sie alles für seine Befreiung tat,
gab sie weiterhin Klavierunterricht, um die Familie
zu ernähren, und gab gleichzeitig den Vorläufer
des »Bonner General-Anzeigers« heraus, stets mit
brisantem Inhalt und eigenen Artikeln. 1849 musste
sie mit ihren vier Kindern und politischen Freunden
nach London fliehen. Sie schrieb ein Buch über ihre
Erfahrungen und Sorgen im Exil, und sie stürzte im
November 1858 aus ihrem Schlafzimmerfenster in
den Tod.

PAULINE STAEGEMANN
CLARA ZETKIN
ROSA LUXEMBURG
OTTILIE BAADER
EMMA IHRER
GERTRUD HANNA
LUISE ZIETZ
MARIE JUCHACZ
ANNA ZAMMERT
GERTRUDE GUILLAUME-SCHACK
LUISE SCHRÖDER
MARGARETE HEISE
ELISABETH SELBERT
HERTA GOTTHELF
ANNEMARIE RENGER
KÄTE STROBEL
ELFRIEDE EILERS
KATHARINA FOCKE
ANTJE HUBER
MARIE SCHLEI
ANKE FUCHS
MONIKA WULF-MATHIES
REGINE HILDEBRANDT
HEIDE SIMONIS
JUTTA LIMBACH
HERTA DÄUBLER-GMELIN
EDELGARD BULMAHN
HEIDEMARIE WIECZOREK-ZEUL
BRIGITTE ZYPRIES
RENATE SCHMIDT
ULLA SCHMIDT
HANNELORE KRAFT
AUGUST BEBEL
PAULINE STAEGEMANN
CLARA ZETKIN
ROSA LUXEMBURG
OTTILIE BAADER
EMMA IHRER
GERTRUD HANNA
LUISE ZIETZ
MARIE JUCHACZ
ANNA ZAMMERT
GERTRUDE GUILLAUME-SCHACK
LUISE SCHRÖDER
MARGARETE HEISE
ELISABETH SELBERT
HERTA GOTTHELF
ANNEMARIE RENGER
KÄTE STROBEL
ELFRIEDE EILERS
KATHARINA FOCKE
ANTJE HUBER
MARIE SCHLEI
ANKE FUCHS
MONIKA WULF-MATHIES
REGINE HILDEBRANDT
HEIDE SIMONIS
JUTTA LIMBACH
HERTA DÄUBLER-GMELIN
EDELGARD BULMAHN
HEIDEMARIE WIECZOREK-ZEUL
BRIGITTE ZYPRIES
RENATE SCHMIDT
ULLA SCHMIDT
HANNELORE KRAFT

TINA SCHWICHTENBERG

Tina Schwichtenberg, »Mein Roter Frauensalon«, 2013
Installation bestehend aus einem Teppich, 5 x 2 m (linke Seite),
und 9 Figuren, ca. 1,20 m hoch, grauer Silikon
(Foto: Rolf Johanning)

Frauengestalten, wie in verschraubten Taucherglocken steckend, stehen auf einem roten, namensüberzogenen Teppich: frontal aufgereihte, nur diffus wahrnehmbare Weiblichkeit, wie festgewachsen die Füße auf klobigen Plateaus. Vielleicht 120 Zentimeter hoch sind die gedrungenen Figuren, gegossen aus asphalt-grauem Kunststoff. Man sucht nach Worten für die halb transparenten, halb martialischen, die Körper starr haltenden Hüllen: Korsette? Oder eher Schutzmäntel oder Aureolen, wie mittelalterliche Madonnen sie tragen – als Zeichen der Unantastbarkeit, der Würde, der Heiligkeit?

Beim genauen Hinsehen sind in der grauen Oberfläche Zeichen zu sehen: Stigmata – wie Wundmale eingekratzte Buchstaben, lateinische Wörter, Hieroglyphen, Kalligraphien, Zahlen. Und dazwischen gibt es Farbrückstände. Rot wie Blut, schwarz wie geronnenes Blut.

Die Bildhauerin Tina Schwichtenberg gibt Rätsel auf. Ihre Figuren stellen Fragen, die wir Betrachter beantworten müssen. Etwa: Verharren diese merkwürdigen Frauengestalten in Konventionen, in Gesellschaftsnormen? Und: Werden sie sich befreien? Haben sie dazu die Kraft – allein oder zusammen?

Tina Schwichtenberg wählte für ihre eindringliche Installation die provokante Ambivalenz – zwischen Martialischem und fast Sakralem. Es ist nicht zu übersehen: Diese Künstlerin meidet alles Gestelzte, Pathetische, sucht stattdessen das Archetypische. Ihre jeden Schönheitskodex unterlaufende Frauengruppe gibt Zeugnis von der Dialektik der Existenz, vom Nebeneinander der Schwachen und Starken, von Verzagtsein und Hoffnung.

Jede Utopie birgt die Möglichkeit des Scheiterns in sich, auch das besagen diese Gestalten. Hinter den derben Frauenkörper-Hüllen aber steckt eine geradezu unheimlich wirkende, sich nicht unterwerfende Kraft. Die Kraft des vermeintlich schwachen Geschlechts?

Ingeborg Ruthe, März 2013

Frauen im SPD-Parteivorstand

	Ordentliche Parteitage	Periode	Mitglieder gesamt	Verteilung weibl.	weibl. in %	Personen
1.	09.05.1946–11.05.1946	11.05.1946–02.07.1946	25	2	8,0	Beyer, Anna; Selbert, Elisabeth
2.	26.06.1947–02.07.1947	02.07.1946–14.09.1948	30	4	13,3	Albrecht, Lisa; Gotthelf, Herta; Schroeder, Louise
3.	12.09.1948–14.09.1948	14.09.1948–25.05.1950	30	5	16,7	Albrecht, Lisa; Gotthelf, Herta; Krahnstöver, Anni; Schroeder, Louise; Selbert, Elisabeth
4.	21.05.1950–25.05.1950	25.05.1950–28.09.1952	30	6	20,0	Albrecht, Lisa; Albertz, Luise; Gotthelf, Herta; Krahnstöver, Anni; Schroeder, Louise; Selbert, Elisabeth
5.	24.09.1952–28.09.1952	28.09.1952–24.07.1954	30	6	20,0	Albrecht, Lisa; Albertz, Luise; Gotthelf, Herta; Krahnstöver, Anni; Schroeder, Louise; Selbert, Elisabeth
6.	20.07.1954–24.07.1954	24.07.1954–14.07.1956	30	5	16,7	Albrecht, Lisa; Albertz, Luise; Gotthelf, Herta; Schroeder, Louise; Selbert, Elisabeth
7.	10.07.1956–14.07.1956	14.07.1956–23.05.1958	30	5	16,7	Albrecht, Lisa; Albertz, Luise; Gotthelf, Herta; Gründer, Marianne; Kay, Ella
8.	18.05.1958–23.05.1958	23.05.1958–25.11.1960	33	6	18,2	Albertz, Luise; Herklotz, Luise; Kay, Ella; Keilhack, Irma; Schanzenbach, Marta; Strobel, Käte
9.	21.11.1960–25.11.1960	25.11.1960–30.05.1962	33	6	18,2	Albertz, Luise; Herklotz, Luise; Kay, Ella; Keilhack, Irma; Schanzenbach, Marta; Strobel, Käte
10.	26.05.1962–30.05.1962	30.05.1962–27.11.1964	32	5	15,6	Beyer, Lucie; Keilhack, Irma; Renger, Annemarie; Schanzenbach, Marta; Strobel, Käte
11.	23.11.1964–27.11.1964	27.11.1964–05.06.1966	33	5	15,2	Beyer, Lucie; Keilhack, Irma; Renger, Annemarie; Schanzenbach, Marta; Strobel, Käte
12.	01.06.1966–05.06.1966	05.06.1966–21.03.1968	33	5	15,2	Eilers, Elfriede; Keilhack, Irma; Kurlbaum-Beyer, Lucie; Renger, Annemarie; Strobel, Käte
13.	17.03.1968–21.03.1968	21.03.1968–14.05.1970	35	5	14,3	Eilers, Elfriede; Keilhack, Irma; Kurlbaum-Beyer, Lucie; Renger, Annemarie; Strobel, Käte
14.	11.05.1970–14.05.1970	14.05.1970–14.04.1973	36	5	13,9	Eilers, Elfriede; Kurlbaum-Beyer, Lucie; Renger, Annemarie; Rüdiger, Vera; Strobel, Käte
15.	10.04.1973–14.04.1973	14.04.1973–15.11.1975	36	2	5,6	Eilers, Elfriede; Rüdiger, Vera
16.	11.11.1975–15.11.1975	15.11.1975–19.11.1977	36	3	8,3	Eilers, Elfriede; Huber, Antje; Martiny, Anke
17.	15.11.1977–19.11.1977	19.11.1977–07.12.1979	35	2	5,7	Hoffmann, Elfriede; Huber, Antje
18.	03.12.1979–07.12.1979	07.12.1979–23.04.1982	40	7	17,5	Däubler-Gmelin, Herta; Donnepp, Inge; Fuchs, Anke; Hoffmann, Elfriede; Huber, Antje; Traupe, Brigitte; Wagner, Erika
19.	19.04.1982–23.04.1982	23.04.1982–21.05.1984	40	6	15,0	Däubler-Gmelin, Herta; Donnepp, Inge; Fuchs, Anke; Huber, Antje; Wagner, Erika; Wettig-Danielmeier, Inge
20.	17.05.1984–21.05.1984	21.05.1984–29.08.1986	40	7	17,5	Brusis, Ilse; Däubler-Gmelin, Herta; Fuchs, Anke; Hoff, Magdalene; Jung, Karin; Wettig-Danielmeier, Inge; Wieczorek-Zeul, Heidemarie
21.	25.08.1986–29.08.1986	29.08.1986–02.09.1988	40	10	25,0	Brunn, Anke; Brusis, Ilse; Däubler-Gmelin, Herta; Engelen-Kefer, Ursula; Fuchs, Anke; Fuchs, Katrin; Hoff, Magdalene; Martiny, Anke; Wettig-Danielmeier, Inge; Wieczorek-Zeul, Heidemarie
22.	30.08.1988–02.09.1988	02.09.1988–28.09.1990	40	14	35,0	Brunn, Anke; Brusis, Ilse; Däubler-Gmelin, Herta; Engelen-Kefer, Ursula; Fuchs, Anke; Fuchs, Katrin; Hoff, Magdalene; Junker, Karin; Martiny, Anke; Schmidt, Renate; Simonis, Heide; Wettig-Danielmeier, Inge; Wieczorek-Zeul, Heidemarie; Winkler, Ruth
23.	27.09.1990–28.09.1990	28.09.1990–31.05.1991	11	4	36,4	Barbe, Angelika; Ellenberger, Irene; Hildebrandt, Regine; Woltemath, Käthe * Die hier gewählten Vorstandmitglieder der SPD (Ost) ergänzen die Vorstandmitglieder der SPD (West) ab dem 27.09.1990

132

Frauen im SPD-Parteivorstand

Ordentliche Parteitage	Periode	Mitglieder gesamt	Verteilung weibl.	weibl. in %	Personen
24. 28.05.1991–31.05.1991	31.05.1991–19.11.1993	45	17	37,8	Barbe, Angelika; Brunn, Anke; Brusis, Ilse; Däubler-Gmelin, Herta; Engelen-Kefer, Ursula; Fuchs, Anke; Fuchs, Katrin; Hildebrandt, Regine; Hoff, Magdalene; Junker, Karin; Schmidt, Renate; Schröter, Gisela; Skarpelis-Sperk, Sigrid; Wettig-Danielmeier, Inge; Wieczorek-Zeul, Heidemarie; Winkler, Ruth; Woltemath, Käte
25. 16.11.1993–19.11.1993	19.11.1993–16.11.1995	45	19	42,2	Barbe, Angelika; Brunn, Anke; Brusis, Ilse; Bulmahn, Edelgard; Däubler-Gmelin, Herta; Engelen-Kefer, Ursula; Fuchs, Anke; Fuchs, Katrin; Hildebrandt, Regine; Hoff, Magdalene; Janz, Ilse; Junker, Karin; Schmidt, Renate; Schröter, Gisela; Simonis, Heide; Skarpelis-Sperk, Sigrid; Wettig-Danielmeier, Inge; Wieczorek-Zeul, Heidemarie; Winkler, Ruth
26. 14.11.1995–17.11.1995	16.11.1995–03.12.1997	45	21	46,7	Bergmann, Christine; Brunn, Anke; Brusis, Ilse; Bulmahn, Edelgard; Däubler-Gmelin, Herta; Engelen-Kefer, Ursula; Fuchs, Anke; Griese, Kerstin; Hildebrandt, Regine; Hoff, Magdalene; Hohmann-Dennhardt, Christine; Janz, Ilse; Junker, Karin; Matthäus-Maier, Ingrid; Schäfer, Liesel; Schmidt, Renate; Schröter, Gisela; Simonis, Heide; Skarpelis-Sperk, Sigrid; Wettig-Danielmeier, Inge; Wieczorek-Zeul, Heidemarie
27. 02.12.1997–04.12.1997	03.12.1997–09.12.1999	45	23	51,1	Bergmann, Christine; Bulmahn, Edelgard; Brunn, Anke; Brusis, Ilse; Däubler-Gmelin, Herta; Engelen-Kefer, Ursula; Fuchs, Anke; Griese, Kerstin; Haug, Jutta; Hildebrandt, Regine; Hohmann-Dennhardt, Christine; Junker, Karin; Kampmeyer, Eva; Matthäus-Meier, Ingrid; Nahles, Andrea; Rothe, Mechtild; Schäfer, Liesel; Schmidt, Renate; Simonis, Heide; Skarpelis-Sperk, Sigrid; Schröter, Gisela; Wettig-Danielmeier, Inge; Wieczorek-Zeul, Heidemarie
28. 07.12.1999–09.12.1999	09.12.1999–20.11.2001	45	18	40,0	Bergmann, Christine; Bulmahn, Edelgard; Burchardt, Ursula; Däubler-Gmelin, Herta; Dieckmann, Bärbel; Engelen-Kefer, Ursula; Fischer, Birgit; Griese, Kerstin; Hendricks, Barbara; Hildebrandt, Regine; Junker, Karin; Krehl, Constanze; Nahles, Andrea; Simonis, Heide; Skarpelis-Sperk, Sigrid; Vogt, Ute; Wettig-Danielmeier, Inge; Wieczorek-Zeul, Heidemarie
29. 19.11.2001–22.11.2001	20.11.2001–18.11.2003	45	18	40,0	Berg, Ute; Bulmahn, Edelgard; Burchardt, Ulla; Däubler-Gmelin, Herta; Dieckmann, Bärbel; Engelen-Kefer, Ursula; Fischer, Birgit; Griese, Kerstin; Hendricks, Barbara; Junker, Karin; Kastner, Susanne; Krehl, Constanze; Nahles, Andrea; Schmidt, Renate; Schwall-Düren, Angelica; Simonis, Heide; Wettig-Danielmeier, Inge; Wieczorek-Zeul, Heidemarie
30. 17.11.2003–19.11.2003	18.11.2003–15.11.2005	45	17	37,8	Berg, Ute; Bulmahn, Edelgard; Burchardt, Ulla; Caspers-Merk, Marion; Engelen-Kefer, Ursula; Fischer, Birgit; Griese, Kerstin; Hendricks, Barbara; Kastner, Susanne; Kraft, Hannelore; Mattheis, Hilde; Nahles, Andrea; Schwall-Düren, Angelica; Vogt, Ute; Wettig-Danielmeier, Inge; Wieczorek-Zeul, Heidemarie; Ypsilanti, Andrea
31. 14.11.2005–16.11.2005	15.11.2005–26.10.2007	45	18	40,0	Berg, Ute; Bulmahn, Edelgard; Burchardt, Ulla; Caspers-Merk, Marion; Dieckmann, Bärbel; Engelen-Kefer, Ursula; Ferner, Elke; Fischer, Birgit; Griese, Kerstin; Hendricks, Barbara; Kastner, Susanne; Kraft, Hannelore; Mattheis, Hilde; Nahles, Andrea; Schwall-Düren, Angelica; Vogt, Ute; Wettig-Danielmeier, Inge; Ypsilanti, Andrea
32. 26.10.2007–28.10.2007	26.10.2007–15.11.2009	45	18	40,0	Ahnen, Doris; Berg, Ute; Bulmahn, Edelgard; Burchardt, Ulla; Dieckmann, Bärbel; Engelen-Kefer, Ursula; Ferner, Elke; Fischer, Birgit; Griese, Kerstin; Hendricks, Barbara; Kastner, Susanne; Kraft, Hannelore; Ludwig, Barbara; Mattheis, Hilde; Nahles, Andrea; Schwall-Düren, Angelica; Vogt, Ute; Ypsilanti, Andrea
33. 13.11.2009–15.11.2009	15.11.2009–05.12.2011	45	19	42,2	Ahnen, Doris; Berg, Ute; Bulmahn, Edelgard; Burchardt, Ulla; Engelmeier-Heite, Michaela; Ferner, Elke; Fischer, Birgit; Gebhardt, Evelyne; Griese, Kerstin; Hendricks, Bärbel; Högl, Eva; Jöns, Karin; Kraft, Hannelore; Ludwig, Barbara; Mattheis, Hilde; Nahles, Andrea; Schwesig, Manuela; Schwall-Düren, Angelica; Vogt, Ute
34. 04.12.2011–06.12.2011	05.12.2011–	35	15	42,9	Ahnen, Doris; Budde, Katrin; Engelmeier-Heite, Michaela; Ferner, Elke; Hendricks, Barbara; Kaykin, Zülfiye; Kraft, Hannelore; Kramme, Anette; Lösekrug-Möller, Gabriele; Lüders, Nadja; Mattheis, Hilde; Nahles, Andrea; Özoguz, Aydan; Schwesig, Manuela; Vogt, Ute

Quelle: Politisches Archiv der SPD

Bildnachweis

Agentur ARE: 121 unten links und rechts

Angelika von Stocki/VG Bild-Kunst, Bonn: 82, 84, 86, 88, 96, 98, 102, 104, 106, 108, 112, 114, 116, 118

Anne Neugebauer: 52 Mitte

Archiv der deutschen Frauenbewegung: 30 rechts, 71 oben

Archiv der sozialen Demokratie/Friedrich-Ebert-Stiftung: 16, 18 oben, 20 oben rechts, 21, 22, 24 unten, 25, 26 oben und unten, 27, 28 unten rechts, 30 ganz oben und oben, 31, 32 Mitte links, 33, 34 oben rechts, 36, 38, 40 unten, 42 ganz oben und oben rechts, 43, 44, 48 oben, 50 Mitte rechts, 54, 58, 63 Mitte, 65 unten, 69, 75 oben, 91 oben, 97 unten, 111 Mitte, 117 oben und unten, 121 oben und Mitte, 122, 123

Barbara Henninger: 125 oben

Bettina Flitner: 105 unten

Bildarchiv Jupp Darchinger/Friedrich-Ebert-Stiftung: 34 oben links, 42 oben, 44, 75 Mitte, 77 oben und Mitte, 79, 90, 91 unten, 97 oben, 100, 115 oben und unten

Bonn-Sequenz: 32 unten

Bundesarchiv Berlin: 18 unten rechts

Bundesarchiv Koblenz: 28 unten links (Foto: Peer Grimm), 32 oben (Foto: Friedrich Gahlbeck), 32 Mitte rechts (Foto: Peer Grimm), 52 oben (Foto: Klaus Oberst)

Bundesministerium für Familie, Senioren, Frauen und Jugend: 110

Bundespresseamt: 34 unten (Foto: Guido Bergmann), 50 oben (Foto: Lothar Schaack), 50 Mitte links (Foto: Ulrich Wienke), 77 unten, 85 oben (Foto: Christian Stutterheim), 101 oben (Foto: Ludwig Wegmann), 105 Mitte (Foto: Arne Schambeck), 109 unten (Foto: Andrea Bienert), 111 unten (Foto: Georg Lopata), 119 oben und Mitte (Foto: Jürgen Gebhardt)

Christian Bach: 81 oben

dpa: 50 rechts

Ehem. Berlin Museum: 49

FrauenMediaTurm, Köln: 109 oben

Frauenmuseum Bonn: 127

Friedhelm Schulz/Friedrichson Pressebild: 34 Mitte, 103 unten, 107 unten

hamburg transit: 52 unten

Haus der Geschichte, Bonn: 71 unten, 124 Mitte (P. Leger)

Horst Pitzen: 130, 131

Irina Hicks: 101 unten, 124 oben rechts und unten

Jennifer Bäck: 119 unten

Julia Lenfers: 56, 92, 93

Jürgen Eis: 87 unten, 117 Mitte

Klaus Hoffmann: 115 Mitte

Klaus Wettig: 95 unten

Landesarchiv Berlin: 83 oben (Foto: Julia Fassbender), 83 unten (Foto: Thomas Platow), 105 oben (Foto: Jacob Stefano)

Maria Giménez/VG Bild-Kunst, Bonn: 60, 62, 64, 66, 68, 70, 72, 74, 76, 78, 80

Marlies Obier/VG Bild-Kunst, Bonn: 128, 129

Museum Neukölln: 48 links

Norbert Neetz: 81 Mitte

photothek.net, Fotoagentur: 94

Picture Art Kamp-Lintfort/Goch: 99 unten

Privat: 103 oben und Mitte

Rainer Ehrt: 124 oben links

Simone Römhold: 81 unten

SPD: 85 unten, 99 Mitte (Kreis Kleve), 113 Mitte und unten (Schleswig-Holstein)

Staatskanzlei Kiel: 113 oben (Foto: Dietrich Habbe)

Staatskanzlei NRW: 102 (Foto: Oliver Tjaden)

Staatskanzlei RLP: 89 oben (Foto: Stefan Sämmer), 89 Mitte (Foto: Heribert Piel), 89 unten (Foto: Peter Pulkowski)

Stadtarchiv Bonn/Camillo Fischer: 87 oben und Mitte, 111 oben

Stadtarchiv Braunschweig: 73

Stadtarchiv Frankfurt a. M.: 67 unten

Thomas Branz: 26 Mitte

Tina Schwichtenberg/VG Bild-Kunst, Bonn: 132, 133

Universitätsbibliothek Köln: 48 ganz links

Leider ist es nicht in allen Fällen zweifelsfrei gelungen, sämtliche Rechteinhaber ausfindig zu machen. Hinweise zu folgenden Abbildungen werden gern entgegengenommen: 18 Mitte und unten links, 19, 20 oben links und unten, 24 oben und Mitte, 28 oben, 40 oben und Mitte, 61 oben und unten, 63 oben, 65 oben, 67 oben, 95 oben (Quelle: Günter Grass-Haus, Lübeck), 99 (Quelle: SPD Kreis Kleve), 101 Mitte (Quelle: AdsD).